Ma maison dans les Alpes

Mme Aubrey Le Blond

Writat

Cette édition parue en 2024

ISBN : 9789359941776

Publié par
Writat
email : info@writat.com

Contenu

PRÉFACE.

Dans ce petit volume, dont une grande partie a paru pour la première fois dans le *St. Moritz Post*, ou, comme on l'appelle maintenant, l'*Alpine Post*, j'ai noté quelques faits intéressants pour le voyageur ordinaire en Suisse. Pour les grimpeurs, mes notes ne seront qu'une histoire trois fois racontée et que, sans aucun doute, beaucoup d'entre eux pourraient raconter bien mieux, alors que bon nombre d'entre eux l'ont déjà racontée ailleurs. L'idée de publier ces petits papiers m'est venue par la nécessité de répondre à de nombreuses questions sur les sujets dont je parle ; car, vivant comme je le fais en Suisse, je suis naturellement censé connaître mieux les particularités du pays et des gens que le touriste ordinaire. Il me semble donc qu'un petit livre, traitant de quelques-uns des divers objets d'intérêt habituellement rencontrés lors d'un voyage d'été en Suisse, pourrait trouver une place dans la valise d'un voyageur , et ainsi, demandant indulgence pour les erreurs dans lesquelles je me suis engagé sûr d'être tombé de temps en temps, je recommande les pages suivantes à qui me fait l' honneur d'y jeter un coup d'œil.

E. PRINCIPAL.

Engadiner Kulm,
Suisse.

CHAPITRE I.
DES GUIDES ALPINS.

Au-delà du cercle relativement restreint des alpinistes, très peu de voyageurs en Suisse semblent avoir une idée précise à quelle classe d'hommes appartient un bon guide alpin. Beaucoup de personnes se représentent un guide typique comme un individu dont les vêtements sont dans un état de délabrement aussi choquant que le sont les sommets de la plupart de ses sommets natals ; qui porte les preuves visibles et invisibles d'une ignorance totale de l'usage du savon en combinaison avec l'eau ; à qui Truefitt s'incarne deux fois par an dans sa femme, à moins que par hasard son plus jeune né ne soit autorisé, en guise de friandise, à manier les cisailles ; dont les manières sont grossières, dont la démarche est un mélange trop fort de roulis et de claudication pour être classé même comme un paresseux, et dont le but principal dans la vie est de soutirer le plus grand nombre possible de francs de la poche de son employeur en échange du la plus petite quantité de travail possible. De plus, ces gens ont des idées curieuses sur « tout le devoir » d'un guide. Ils pensent qu'il est tenu d'obéir, sans remontrance de sa part, à tous les ordres, si déraisonnables soient-ils, que lui donnera son employeur. Ils n'attendent de lui ni bon sens, ni éducation, ni connaissance du monde, c'est pourquoi ils le traitent comme s'il était une machine maladroitement construite, capable de rouler dans le sillon d'une piste souvent parcourue, et de rien d'autre.

Or, il est dommage qu'une telle ignorance règne en la matière, et je me propose de contribuer, humblement, à en dissiper une partie en rappelant les principales caractéristiques d'un guide alpin de premier ordre et en appuyant mon opinion sur des anecdotes de le comportement de certains maîtres de l'artisanat de montagne confrontés à des sollicitations exceptionnellement fortes de leurs capacités.

Avant d'aller plus loin, je voudrais dire quelques mots sur la formation initiale d'un guide. Il fait généralement connaissance de l'escalade très jeune, ses premières courses étant souvent entreprises en compagnie des chèvres. Avec le temps, il acquiert de la confiance, de la stabilité de la tête et des pieds et une connaissance des limites de ses pouvoirs. Au fil des années, il est peut-être emmené par son père à faire de la chasse au chamois et, l'été, il obtient un engagement occasionnel comme porteur sur une ascension plus ou moins difficile. S'il a définitivement décidé d'être guide, il fera de son mieux pour obtenir un travail de ce genre, et il arrive souvent qu'un jeune porteur actif, qui a porté ses couvertures et son bois de chauffage au bivouac pour la nuit, supplie de rejoindre le groupe. expédition le matin, « juste pour apprendre le chemin ». En réalité, son objectif principal est d'obtenir dans son livre quelques lignes d'éloges, qui l'aideront dans ses engagements futurs, et qui seront également très utiles lorsqu'il présentera sa prétention à un certificat de guide. Lors de l'ascension de la Jungfrau, il y a quelques années, notre porteur, à sa demande urgente, nous accompagna jusqu'au sommet, et il était intéressant de remarquer l'enseignement attentif que lui ont prodigué mes deux guides vétérans, le vieux Peter Baumann et le vieux Peter Kaufmann. . C'était la première montagne du jeune homme, et je voyais qu'il mettait tous ses nerfs à rude épreuve pour éviter une erreur et gagner ma bonne opinion, ce qu'il réussit certainement, car il y alla très bien, même s'il fut naturellement effrayé à la vue de la montagne. d'énormes crevasses sous le Bergli , le glacier étant alors dans un état particulièrement mauvais. Le comportement d'un autre porteur, affrété pour transporter mon appareil photo lors de toute ascension de neige facile, était très différent . Lui non plus n'avait jamais mis les pieds sur une montagne et il commença ses ébats au museau du glacier du Forno , qu'il monta à quatre pattes. Plus loin il s'opposa aux crevasses, et quand nous arrivâmes à l' *arête* , il était un appendice si redoutable à la corde que nous détachâmes, et remontâmes les derniers rochers en deux groupes, sur deux cordes, une autre dame, un garçon d'Eton, et Je mène, et le portier et les deux guides suivent !

Un porteur, s'il fait preuve d'une bonne capacité de grimpe, sera souvent engagé, en pleine saison, lorsque les guides sont rares, pour accompagner un guide et un voyageur dans les ascensions les moins difficiles, afin qu'ils soient trois sur la corde, une question importante sur la neige. Il assumera probablement la plus grande partie du transport, pour la simple raison que le guide mène et coupe les marches, et, en descendant, descend le dernier, auquel cas il est bon qu'il ne soit pas chargé d'un sac à dos, mais donner tous ses pouvoirs à son travail en ascendant et en descendant pour être plus sûr dans sa position responsable de «dernier homme».

Parfois, le garçon devient guide sans passer par l'état intermédiaire de porteur. Voici un récit des expériences de Joseph Imboden . J'ai eu les détails du guide lui-même, mais le récit se trouve également dans la notice biographique rédigée par M. GS Barnes dans « Les Pionniers des Alpes ». [1] «Quand j'étais enfant», commença Imboden , «mon père souhaitait que je me lance dans la fabrication de chaussures comme métier, et à quinze ans, il m'a mis en apprentissage chez un homme du Rhonethal . Mais je détestais la vie, et dès que j'avais économisé vingt francs, je m'enfuyais au Riffel , où je restais, et je passais mon temps à demander aux gens de me laisser les emmener dans les montagnes. Mais ils me disaient toujours : « Jeune homme, où est ton livre ? J'ai répondu que mon livre était à la maison, mais ils ne me croiraient pas. Enfin, alors que mes vingt francs étaient presque épuisés, je parvins à persuader un jeune gentleman anglais de me permettre de l'emmener à la Cima di Jazzi . Il était content de la façon dont je l'ai guidé et le lendemain nous avons gravi le Mont Rose seuls. Il m'a alors proposé de me conduire à Chamonix par le col Saint- Théodule et le col du Géant , et j'ai été très heureux d'y aller ; mais d'abord je lui ai dit toute la vérité. J'ai dit : « Tout ce que je vous ai dit jusqu'à présent, ce sont des mensonges ; Je n'avais jamais gravi une montagne avant de vous accompagner ; mais si vous me faites confiance maintenant, je suis sûr que je peux vous satisfaire. Il a dit qu'il le ferait et nous sommes allés à Chamonix et y avons fait quelques ascensions. J'ai acheté un livre et il y a écrit un bon récit de moi. Depuis, je n'ai jamais manqué de travail .» Telle est l'histoire des débuts de Joseph Imboden , et ses amis admettront qu'elle est tout à fait caractéristique du guide depuis lors célèbre.

Un porteur désireux de devenir guide doit généralement passer un examen dans des matières diverses qui n'ont pas la moindre importance pour lui dans sa future profession. L'occasion est digne de la présence du *guide-chef* (ou chef de la Société des Guides) et d'autres magnats locaux, devant lesquels les *guides-aspirants* , comme on les appelle, sont mis face à face. Après des questions d'arithmétique, de géographie, d'histoire, etc., l'examen auquel j'ai « assisté » portait sur les embarcations de montagne, sujet sur lequel les idées des porteurs étaient encore plus particulières que sur d'autres. Un jeune homme affirmait, en toute bonne foi, que si son *Herr* ne lui obéissait pas, il devait considérer comme de son devoir de le battre, tandis qu'un autre disait calmement que s'il rencontrait un obstacle dans une montée, la bonne voie à suivre était Rentrer à la maison! A la fin de l'examen, que tous parvinrent d'une manière ou d'une autre à passer en revue, le *guide-chef* fit un petit discours dans lequel il exhorta les nouveaux guides à faire honneur à leur profession. J'ai pris note lors des questions et réponses les plus amusantes, et je les ai publiées dans un ouvrage antérieur. [2]

Après avoir examiné les conditions techniques qui, ensemble, forment un guide dûment qualifié, voyons quelles sont les caractéristiques requises pour le placer au premier rang de sa profession.

NOTES DE BAS DE PAGE :

[1] « Les pionniers des Alpes », par CD Cunningham et Captain Abney, FRS, publié par MM. Sampson Low, Marston, Searle et Rivington .

[2] « High Life and Towers of Silence », de Mme Main, publié par Sampson Low, Marston, Searle et Rivington .

CHAPITRE II.
LA PRUDENCE ET LA DÉTERMINATION DES GUIDES.

Parmi les qualités requises chez un guide de premier ordre, j'incline à placer la prudence en tête. Bien d'autres caractéristiques sont également nécessaires, comme une forte volonté, permettant au guide de contraindre ceux dont il a la garde à lui obéir ; l'élan et le courage, par lesquels il surmonte les obstacles ; habileté à grimper, ainsi qu'à se faire une opinion sur l'état de la neige; capacité à trouver son chemin pour monter ou descendre une montagne, qu'il l'ait déjà gravi ou non ; sang-froid dans les moments de danger, rapidité d'action en cas d'urgence soudaine, ressource dans les difficultés de quelque nature qu'elles puissent survenir ; force musculaire, bonne santé, bon caractère, altruisme, honnêteté et grande expérience. Quel catalogue ! Et pourtant je ne connais pas un guide de premier ordre qui ne possède un peu de toutes, et une grande quantité de plusieurs, des nombreuses qualités que j'ai énumérées plus haut, sans parler des autres que j'ai sans doute négligées.

Je voudrais d'abord vous parler de quelques cas où des guides ont fait preuve d'une prudence louable alors qu'ils étaient fortement incités à outrepasser les limites de la prudence. Un exemple, que j'extrais de « Les Pionniers des Alpes », cette mine d'informations sur le guide-lore, est très caractéristique du grand guide Melchior Anderegg . M. Mathews écrit : « Il sait quand il est juste de continuer et quand faire demi-tour constitue le plus grand courage. ' Es geht , Melchior, dit un jour un bon grimpeur devant moi lorsque nous arrivâmes à un endroit dangereux. 'Ja,' répondit Melchior, ' *es* bien , mais *je* héhé non ;' ou, en d'autres termes : « Ça va, mais je n'y vais pas. »

Edouard Cupelin de Chamonix, guide avec lequel j'ai fait autrefois de nombreuses ascensions, m'a souvent montré qu'il avait sa juste part de cette courageuse prudence. Un jour, en hiver, à moins d'une heure du sommet du Mont Blanc, il nous fit rebrousser chemin, considérant le danger de persister face à une tempête de neige injustifiable, alors que les difficultés étaient toutes derrière nous. Une fois aussi, j'ai eu envie du Schreckhorn par un matin venteux d'octobre, mais mon guide nous a rappelé ce que serait probablement l'action de la tempête sur les rochers friables au-dessous de la Selle et a refusé d'avoir quoi que ce soit à voir avec le pic, qui apparaissait de temps en temps de manière alléchante sur un coin de ciel bleu.

Mais la prudence d'un bon guide n'a pas besoin d'être prouvée par un quelconque recueil d'anecdotes. On le voit chaque fois qu'il cherche la crevasse cachée en traversant un champ de neige. Cela se remarque chaque fois qu'il supplie ses compagnons (probablement pour la dixième fois au moins ce jour-là) de garder la corde tendue. Cela se manifeste lorsqu'il refuse d'emmener un amateur déterminé sur une montagne difficile par mauvais temps, ou de permettre à l'ami de l'amateur, vêtu de flanelle de tennis, de se joindre à l'expédition au dernier moment, parce que « Sur ma parole, Il faudra que je fasse le Cervin un jour ou l'autre, tu sais !

Un guide qui n'a pas une forte volonté ne peut jamais espérer être tout à fait au sommet de l'arbre dans son métier. Certains guides sont cependant bien entendu plus déterminés que d'autres.

Je me souviens d'une histoire amusante *à propos* de cette particularité, qu'un ami m'a racontée à propos de Joseph Imboden . L'incident s'est produit au Breithorn , un sommet enneigé facile mais fatiguant de la région de Zermatt. Par une journée froide, Imboden était accompagné d'un Anglais aux pieds de plomb et à la tête de cochon. Ce monsieur sagace, à mi-chemin de la montagne, remarqua qu'il était fatigué et avait l'intention de se rafraîchir en faisant une sieste sur la neige. Imboden s'est naturellement opposé à cette procédure, expliquant qu'elle était extrêmement dangereuse et dessinant des images vivantes de personnes malheureuses qui étaient mortes de froid. Cependant, le voyageur persista et finalement, en réponse aux refus répétés d'Imboden de lui permettre d'exécuter ses vœux, il s'écria avec indignation : « Je vous paie, et vous êtes mon serviteur, et je ferai ce que je veux ! La situation était devenue critique. Imboden comprit que le moment était venu de prendre des mesures fortes. Il dit à son *Herr* : « C'est tout à fait vrai. Maintenant, tu fais ce que tu veux, et je ferai ce que je veux. Allongez-vous et dormez, et aussi sûrement que vous le faites, je vous donnerai une boîte à l'oreille que vous n'oublierez pas facilement ! "Quoi!" s'écria le touriste en colère ; "Non! tu n'oserais pas!" "Oh, oui," dit calmement Imboden , "et une très bonne boîte à l'oreille aussi !" Le *Herr* , d'humeur furieuse, monta péniblement jusqu'au sommet et ne fit aucune autre suggestion de repos, mais tout le long du chemin, il bouda et grogna et ne voulut pas se laisser amener à la bonne humeur . Cependant, après un dîner à Zermatt et une causerie avec ses amis, les choses commencèrent à prendre une tournure différente, et le soir même il chercha son guide, lui serra la main et le remercia chaleureusement de sa conduite.

Cela me rappelle une autre petite scène qui se passa sur la même montagne et dont je tenais le récit d'un témoin oculaire. Un guide, inconnu de la renommée, mais visiblement résolu et déterminé d'esprit, traînait un Allemand haletant et réprimandant sur les pentes enneigées entre le col Saint-Théodule et le Breithorn . Lorsque mon ami, qui descendait, les rencontra, l'Allemand demanda pitoyablement qu'on le ramène chez lui, déclarant qu'il était presque mort et qu'il avait vu tout ce qu'il voulait voir. "Pourquoi ne reviens-tu pas?" mon ami a demandé au guide. "Herr", a dit cet individu, " euh *je peux* bien , euh *muss* gehen — euh chapeau schon bezahlt ! (Monsieur, il *peut* y aller, il *doit* y aller – il a payé d'avance !)

Voici une autre petite histoire. Il était une fois un guide bien connu qui emmenait un voyageur sur le Weisshorn . Le temps était abominable. De plus, la montagne était en très mauvais état, couverte de glace et de neige molle. La montée avait été longue et fatigante, et pendant la descente le monsieur (dont c'était la première saison), épuisé de fatigue, perdit complètement son sang-froid. Finalement, il s'est exclamé : « Je ne peux pas continuer, je ne peux tout simplement *pas* . » « Vous devez le faire », dit le guide. "En effet, je ne peux pas aller plus loin", répondit le voyageur . "Monsieur", poursuivit le guide, "si nous ne continuons pas, nous serons plongés dans la nuit sur cette crête et mourrons de froid, et cela ne doit pas arriver." Pourtant, le monsieur restait immobile, comme s'il était pétrifié. Le guide vit que ses paroles n'avaient aucun effet ; Alors, se renforçant, il cria au portier : « Abattez le *Herr* par les pieds. » Le malheureux Herr lança un faible regard au portier, qui s'y opposa en disant : « Je n'ose pas, il sera tellement en colère ; et puis, si je le faisais, nous serions tous ensemble. « Très bien, viens ici et je prendrai ta place. Voyez-vous bien ; Je me charge du reste », répondit le guide, et lui et le porteur changèrent de place. Vint maintenant le tir à la corde. Debout près du monsieur, le guide l'attrapa par le col de son habit et le fit descendre d'une marche. Il répéta cela deux ou trois fois, jusqu'à ce que le voyageur , rassuré par la fermeté de la prise et la décision de l'acte, retrouve peu à peu son équilibre mental ainsi que son équilibre corporel, et bientôt il puisse s'aider lui-même.

CHAPITRE II I.
QUELQUES CARACTÉRISTIQUES SUPPLÉMENTAIRES DES GUIDES DE PREMIER TARIF.

Bien que ce soit une platitude de dire que tous les bons guides sont courageux, certains sont pourtant plus connus pour leur « élan » que d'autres. Les noms qui viennent immédiatement à l'esprit de la plupart des personnes à propos de cette caractéristique seraient probablement ceux, dans le passé, de Michel Croz , Jean-Antoine Carrel, Johann Petrus et quelques autres, et, aujourd'hui, d'Alexandre. Burgener , Emile Rey, Christian Jossi , et pour le mien, Martin Schocher . Les trois derniers noms de ma liste, sauf un, sont bien connus ; celle de Martin Schocher l'est moins. Je dois ici faire une légère digression afin d'entreprendre un devoir agréable. Dans un ouvrage antérieur, évoqué plus haut, j'avais fait quelques remarques peu élogieuses concernant les guides engadines . [3] Mais depuis lors, Martin Schocher est passé au front et a acquis une expérience qu'aucun autre homme de Pontresina ne peut prétendre. Peu d'expéditions de première difficulté ont été faites dans la région sans avoir été dirigées par lui. Lors des trois premiers franchissements de la formidable crête entre le Piz Scerscen et le Piz Bernina, Schocher était en tête du groupe. La seule fois où l' *arête* centre-ouest du Piz Palü a été prise, il a de nouveau pris la tête ; et la seule fois où le Piz Morteratsch a été escaladé de la selle entre ce sommet et le Piz Prievlusa , le groupe était composé uniquement de Schocher et de M. Garwood. À propos de cette ascension, Schocher déclare que ce fut l'ouvrage le plus dur qu'il ait jamais entrepris, constitué de dalles rocheuses lisses, fortement inclinées et se rétrécissant très souvent jusqu'au plus simple tranchant de couteau.

Au cours de l'automne dernier, Schocher a quitté pour la première fois sa région natale et s'est rendu dans les principaux centres d'escalade des Alpes (à l'exception de l' Oberland et du Dauphiné). Le groupe a eu de la chance grâce à son temps et a gravi la Dent Blanche, l'Aiguille de la Za et plusieurs autres sommets de première classe. Si Schocher devait voyager encore une saison ou deux, il acquerrait suffisamment d'expérience pour le placer à égalité avec certains des meilleurs hommes de l' Oberland .

Excellent grimpeur, coupeur de marches merveilleusement bon et rapide (ses pas sont grands, bien formés et exactement au bon endroit), de constitution puissante, très volontaire et joyeux, Schocher est un guide idéal et un crédit à Pontresina . Il y a sur place un ou deux jeunes guides prometteurs, et Klucker de Sils est lui-même un hôte ; l' Engadine peut donc à juste titre être félicitée pour les progrès accomplis à cet égard au cours des six ou huit dernières années.

Bien que les guides de Chamonix aient acquis à juste titre une réputation pour leurs compétences sur la glace et la neige, curieusement, c'est un homme de Saint-Nicolas qui excelle le plus dans cette branche de l'artisanat de montagne. Dans la biographie de Joseph Imboden dans « Les Pionniers des Alpes », M. Barnes écrit : « Son jugement (d'Imboden) quant à l'état de la neige est excellent et peut être implicitement invoqué. » Quelquefois, en grimpant avec ce guide, j'ai exprimé mes craintes d'avalanches possibles, et il a invariablement, par une plaisanterie ou un de ces sarcasmes mordants que son âme aime , bannir mes craintes ; car sa merveilleuse rapidité à noter exactement quand et où la neige est sûre, et quand et où elle commence à montrer une tendance à glisser, redonnerait confiance à quiconque, aussi timide soit-il.

J'ai souvent observé, avec une admiration toujours croissante, comment deux guides chamoniards de première classe se frayaient un chemin à travers un labyrinthe parfait de *séracs* , de crevasses et autres obstacles accessoires au chaos sauvage d'une cascade de glace. J'ai parcouru deux fois les *séracs* de Géant de nuit, en partant à 23 heures de Montanvert , et accompagné de Michel Savioz , alors porteur. Il contournait les crevasses, franchissait les ponts de neige, montait et descendait *les séracs* , comme s'il avait l'habitude de faire des allers-retours nocturnes sur le col ; et, en bien d'autres occasions, ce fut pour moi un véritable plaisir d'observer, de l'arrière de la caravane, la parfaite confiance et l'aisance avec lesquelles ces maîtres de leur art s'attaquent aux difficultés d'un glacier brisé. J'ai été particulièrement frappé il y a quelques années par l'habileté et le « dynamisme » dont faisaient preuve deux de mes guides, Auguste Cupelin et Alphonse Payot , en forçant le passage à travers le plateau supérieur du Glacier de la Brenva . Nous étions montés le matin jusqu'à un bivouac sur la moraine du glacier, où, sous un gros rocher, nous trouvâmes les restes d'un ancien campement, qui avait probablement été la chambre des trois ou quatre groupes qui avaient fait ou a tenté différentes excursions à partir de ce point. Nous déposâmes nos sacs et nos couvertures, allumâmes un feu avec le bois que nous avions ramassé plus bas, puis, après avoir expédié un repas précipité, les deux guides se mirent en route à la découverte de ce formidable glacier. Notre objectif, le lendemain, était de tenter l'ascension de l'Aiguille Blanche de Peuteret , mais comme certains des groupes précédents avaient passé des heures à franchir le glacier qui s'étendait entre notre bivouac et le sommet, mes guides décidèrent sagement de faire une excursion. le retracer l'après-midi même, et ainsi, en nous faisant tracer à l'avance, gagner plusieurs heures le matin. Le lecteur se demandera peut-être pourquoi, pour gagner du temps, nous n'avons pas déplacé nos quartiers de nuit de l'autre côté du glacier. C'est ce que nous aurions certainement fait si nous avions pu trouver ne serait-ce que le plus petit morceau de rocher sur lequel nous installer, mais la neige était partout et nous n'avions donc d'autre choix que de rester sur la rive gauche du glacier. Assis sur une énorme pierre surplombant la glace, armé d'un télescope, je pouvais observer tous les mouvements de mes guides. Un instant Auguste se précipitait sur un grand *sérac qui vacillait* , l'instant d'après il se hissait au sommet et était prêt à descendre de l'autre côté pendant qu'Alphonse tendait la corde. Alors je le voyais clair, avec un ressort frénétique, un gouffre béant , et je me retournais et tirais la corde pendant qu'Alphonse suivait son exemple. Maintenant, tous deux disparaissaient, pour bientôt réapparaître, et semblaient surgir des profondeurs du glacier, et Auguste se mettait au travail avec sa hache, taillant les marches d'un mur de verre jusqu'à ce qu'il le conquière. Et ainsi ils travaillèrent, progressant toujours vers leur objectif, pendant que j'étais absorbé par l'observation d'une si brillante exposition d'engins de glace. Il faisait nuit avant leur retour, et je suis sûr que mon lecteur sympathisera lorsque je lui dirai que, malgré tout ce labeur, nous n'avons pas pu faire l'Aiguille (alors un sommet inexploré) le lendemain. Nous sommes partis vers 1 heure du matin , avons traversé le glacier et gravi les pentes de neige abruptes au-delà ; mais le temps, qui était légèrement nuageux au moment de notre départ, devint de plus en plus mauvais, jusqu'à ce qu'enfin de fortes chutes de neige nous obligent à abandonner notre tentative, et, terriblement découragés, nous retournâmes sur nos pas jusqu'à notre bivouac, rassemblâmes nos bagages, et d'un air maussade descendit vers la vallée. Nous avons traversé le col de la Seigne cet après-midi, et le lendemain matin, par beau temps, mais à travers une pincée de neige récemment tombée, nous avons traversé le charmant petit col de neige du Mont Tendu jusqu'à Saint-Gervais, et de là par Chamonix jusqu'à Montanvert. .

NOTE DE BAS DE PAGE:

[3]_ Dans toutes les remarques que j'ai jamais faites sur les guides de Pontresina en tant que corps, je n'ai guère besoin de dire que ces braves vieillards, les frères Hans et Christian Grass, étaient tout à fait en dehors de mon sujet. Ils ont désormais renoncé à grimper ; mais il y a seulement trois ans, Christian effectuait sa centième ascension du Piz Bernina, qu'il empruntait par la Scharte pour atteindre la Fuorcla . Prievlusa par une nouvelle route extrêmement difficile depuis Boval .

CHAPITRE IV.
PLUS SUR LES GUIDES.

Il a souvent été question de savoir si le talent de trouver un chemin, ou, plus souvent, de découvrir un itinéraire possible lorsqu'il n'existe aucun semblant de chemin, vient de l'instinct ou de l'entraînement. Il me semble que cela procède généralement de quelque chose des deux, mais surtout de ce dernier. Ceux qui voudraient confiner ce pouvoir à l'instinct pur et simple invoquent comme argument de leur côté le fait que presque aucun amateur ne le possède à un degré élevé, et aucun au degré montré dans un guide de premier ordre. Mais ils oublient que les gens de notre propre classe ne peuvent en aucun cas avoir l'expérience précoce des paysans suisses, dont beaucoup sont habitués dès l'enfance à se démener dans toutes sortes d'endroits difficiles et périlleux, et sont souvent emmenés par leurs pères et leurs voisins pour y être emmenés. excursions prolongées sur les montagnes et les glaciers, soit lors de parties de chasse, soit parfois, avec l'aimable autorisation d'un voyageur , comme porteurs. Je me souviens qu'un jour Peter Taugwalder m'avait demandé de permettre à son fils, alors âgé de quatorze ans, de nous accompagner sur le Breithorn , et le petit bonhomme s'est montré très efficace en insistant pour porter mon appareil photo sur une bonne partie du trajet. Le fils aîné d'Imboden , Roman, avait fait à quinze ans un certain nombre d'ascensions de premier ordre avec son père, dont le passage du col du Ried (deux fois), de l' Alphubel , l'ascension du Balfrinhorn , du Brunegghorn et d'autres grands sommets. Lorsqu'en 1887 je l'emmenais au Piz Kesch , je constatais que sa « forme » avait déjà atteint un point que peu d'amateurs pouvaient battre. La manière dont un guide de premier ordre trouvera son chemin dans l'obscurité, dans un épais brouillard ou dans une tempête de neige est vraiment merveilleuse . En descendant le Mont Blanc en janvier, nous étions dans un épais brouillard dès que nous tournions au sommet du Mur de la Côte, et il faisait nuit noire avant d'être assez loin du Grand Plateau. Pourtant les guides repartirent, d'un air joyeux et confiant, sans hésiter un seul instant, et ne s'arrêtant que deux fois, la première fois pour extirper un sac à dos de provisions, abandonné le matin même sur le Grand Plateau et enterré depuis dans le désert. une neige qui tombait abondamment, et une seconde fois, à ma demande, pour allumer les lanternes quand, à moins d'une demi-heure des Grands Mulets , je pénétrai maladroitement dans une des crevasses que nous devions traverser. Encore une fois, en redescendant fin novembre de l'Aiguille du Tour à la Cabane d'Orny , l'obscurité nous a envahis. Avant de commencer la descente du Glacier d'Orny , je suggérai de faire usage de notre lanterne ; mais les guides rirent et, entonnant une des chansons du pays, trottinèrent sans hésiter sur la glace, allèrent et sortir parmi les crevasses, et enfin jusqu'à la porte de la cabane, qui était si profondément enfouie dans la neige qu'elle était difficilement distinguable. En effet, la petite cabane est toujours difficile à trouver, et Chamonix murmure parfois confidentiellement qu'un ancien guide et un ami, après avoir traversé le col du Tour, n'ont absolument pas réussi à découvrir la cabane ct, après de nombreuses recherches, sont revenus par là. le pass pour Chamonix !

Un autre exemple de recherche de chemin qui m'a beaucoup frappé a été lors d'une descente dans l'obscurité du côté italien du Cervin. Nous avions la lune une bonne partie du temps, mais souvent, à cause de la conformation des roches, nous étions dans l'obscurité totale, et Alexander Burgener fouillait un peu, puis s'emparait du début d'une des cordes fixes, et, avec une série de ses grognements et reniflements caractéristiques, descendez-le. Il ne manquait jamais un seul instant le bon itinéraire, même si la montagne était dans un très mauvais état à cause de la quantité de glace et de neige qui s'y trouvait. Encore un incident avant de passer à l'examen de la suivante des qualités que j'ai notées. Il y a quelques années, au mois de janvier, je me suis retrouvé avec Edouard Cupelin (de Chamonix), et quelques guides locaux, dans le long *couloir* qui mène du col de Sella vers le premier sommet du Piz Roseg . Une discussion s'engagea sur le meilleur itinéraire à prendre, les guides locaux conseillant de nous orienter à gauche et Cupelin recommandant de rester à droite. L'opinion de ce dernier, en tant que chef, prévalait naturellement, et bien qu'il n'ait jamais été en Engadine jusqu'à la veille, nous l'avons suivi de bon gré. En arrivant sur le plateau au-dessus, il est devenu évident que nous avions économisé du temps et des ennuis en choisissant cet itinéraire, qui, d'ailleurs, nous avons découvert par la suite qu'il était celui habituellement emprunté.

de Pontresina ont progressé rapidement et il serait désormais difficile de battre, par exemple, Martin Schocher en tant que guide montant.

Maintenant, voyageons de l' Engadine à l' Oberland bernois , et je vous raconterai là-bas un événement qui a fait beaucoup de bruit parmi les rares qui en ont entendu parler, mais dont le récit n'est pas, à ma connaissance, parvenu aux oreilles. du monde alpin.

Une fois de plus, Joseph Imboden devait se présenter au premier plan, et jamais il n'a autant mérité d'être applaudi qu'à cette occasion.

Un matin d'août, deux groupes partent de l' Eggischhorn pour traverser le Mönch Joch à Grindelwald . L'un d'eux était un Anglais habitué à l'escalade, accompagné d' Imboden et d'un bon porteur régulier. Le second groupe comprenait deux Anglais, un guide et un porteur, qui manquaient tous plus ou moins des qualités si remarquables du premier groupe. En descendant les pentes au-dessus du refuge Bergli , le deuxième groupe était en tête et la position était la suivante. Juste en dessous se trouvait une profonde *rimaye* , ou grande crevasse, à laquelle s'approchait une pente de glace, dans laquelle le guide traçait des marches. Derrière lui se trouvait l'un des voyageurs , puis venait l'autre, et le dernier sur la corde, et dans un état d'appréhension désespérée à la vue des horreurs en dessous, se trouvait le porteur. L'autre groupe, dans lequel, de manière très providentielle, Imboden était le premier sur la corde, était juste derrière – en fait, Imboden lui-même n'était séparé que d'une distance d'environ quelques pieds du porteur de l'autre groupe. A ce moment particulièrement propice, l'homme sur la pente de glace eut l'idée d'enfoncer son piolet dans une plaque de neige voisine , presque hors de sa portée, et d'enlever ses lunettes pour les essuyer. A peine avait-il commencé cette opération, que, à sa grande horreur, le guide, qui coupait en bas, glissa. Le monsieur aux lunettes emboîta le pas, ainsi que son compagnon derrière lui, et ainsi de suite, avec un cri sauvage de « Wir » péché tout verloren !" (Nous sommes tous perdus !) fit le portier. Mais à peine avait-il perdu pied que, d'un ton calme et clair, vint derrière lui la remarque : « Noch non ! » (Pas encore), et il se sentit arrêté et retenu. Voici ce qui s'est réellement passé (je l'ai tenu du monsieur qu'Imboden guidait et qui, de sa position derrière et au-dessus de lui, avait la meilleure vue possible de la situation). Quand Imboden vit commencer le nettoyage des lunettes, il flaira instinctivement le danger et passa la pointe tranchante de sa hache à travers la corde qui entourait la taille du porteur. Immédiatement après, sinon simultanément, la glissade a eu lieu, et toute la pression du poids du premier groupe s'est portée sur Imboden . Cependant, il était fermement placé et tenu sans difficulté jusqu'à ce qu'ils reprennent pied. Sans le sang-froid et la rapidité d'Imboden , un accident très grave, et très probablement mortel, se serait produit. Deux ou trois jours après, alors que je remontais l' Eiger avec Imboden , je l'interrogeai sur cet incident. Il considérait sa performance extraordinaire comme une évidence et refusait d'en admettre le moindre mérite. Je crains que les deux Anglais (ou plutôt l'homme aux spectacles) n'aient à peine réalisé qu'ils avaient pu s'échapper. Eh bien, ce n'est pas une simple question de remerciement ou de récompense que les hommes accomplissent des actes comme celui-ci, même si je peux garantir que quelques mots chaleureux de gratitude sont bien plus valorisés qu'une simple manifestation pécuniaire de la même chose.

Un bon guide est généralement capable de s'occuper de la plupart des choses et dispose généralement de nombreuses ressources pour faire face à des difficultés imprévues de toutes sortes. Bref, il est toujours prêt à se montrer à la hauteur, peu importe les imprévus. Beaucoup de guides avec lesquels j'ai voyagé ont combiné les qualités d'un excellent cuisinier, d'une femme de chambre (!), d'un coursier et d'un menuisier de premier ordre, avec celles d'un agréable compagnon et les particularités de son métier. Pour preuve de ce qui précède, je peux remarquer qu'un petit dîner dans une cabane est souvent un repas à nc pas dédaigner, l'ingéniosité déployée pour cuisiner avec presque aucun appareil étant vraiment merveilleuse. Quant à l'emballage de ses vêtements, on m'a dit plus d'une fois que la façon dont je plie les robes laisse beaucoup à désirer, tandis qu'un incident lié à ce sujet, survenu il y a quelques années, reste encore vivement imprimé dans mon esprit. esprit. En payant ma note dans un certain hôtel, une somme de 150 francs pour une corde de piano cassée avait suscité mon indignation. En premier lieu, la corde avait été brisée par le gel ; deuxièmement, 150 francs, c'était une somme absurde. Je quittai aussitôt l'hôtel avec dégoût, et accomplis mon départ en très peu de temps, grâce à mon guide, qui m'a vaillamment aidé en emballant robes et chapeaux, bottes et chaussures, avec une rapidité sans hésitation, et, qui plus est, ils étaient aussi portables lorsqu'ils sortaient de ma malle que lorsqu'ils y entraient. J'ai été très amusé, lors d'une ascension, il y a quelques années, de voir mon porteur sortir une aiguille et du fil et commencer solennellement à réparer une déchirure de ma jupe d'escalade. Je ne peux pas dire que le travail était très beau, mais il a tenu aussi longtemps que ce vêtement a duré.

Il y a plusieurs incidents que je voudrais mentionner à propos de cette force musculaire avec laquelle la nature et l'entraînement ont fourni à certains guides dans une mesure très remarquable.

L'un des exemples les plus notables de grande force mis en avant exactement au bon moment est celui-ci, qui m'a été décrit par Miss Lucy Walker comme étant arrivé à son frère, M. Horace Walker.

Ce dernier, accompagné de Peter Anderegg , gravissait une paroi de glace abrupte. Le guide est parti le premier, coupant les marches. Le passage était barré par un gros morceau de rocher, apparemment fermement figé dans la pente de glace. Tandis que M. Walker se tenait juste en dessous du rocher, Anderegg travaillait sur le côté. Ayant échoué à son niveau supérieur, il posa un pied sur la grande masse qui, à sa grande horreur, se mit aussitôt en mouvement. Crier et avertir son compagnon d'en bas eût été beaucoup trop long ; il n'y avait qu'un seul moyen de sauver la vie de M. Walker, et il le prit promptement. En un instant, il avait reculé sur son dernier point d'appui et, d'un coup terrible, il avait fait sortir M. Walker de ses pas et le long de la pente. Immédiatement après, l'énorme pierre dévala la pente, traversant la place occupée jusqu'à un instant auparavant par M. Walker. C'est, je pense, la chose la plus merveilleuse du genre dont j'ai jamais entendu parler.

Un autre exemple très frappant de force rapidement déployée s'est produit au Piz Palü , une montagne du groupe de la Bernina, lors d'une ascension de Mme Wainwright, du Dr Wainwright et des guides Christian et Hans Grass. J'extrait ce qui suit du petit livre capital du Dr Ludwig, « Pontresina et son quartier ».

« En 1879, un accident s'est produit au Piz Palü , qui avait une cause similaire et a presque eu une fin mortelle similaire à l'accident du Lyskamm deux ans auparavant. Les sommets médian et occidental sont réunis par une crête étroite ; du côté du glacier de Pers (au nord) la neige gelée (*névé*) forme, par parties, une corniche en surplomb. M. W. et sa belle-sœur, Mme W., avec les deux guides vétérans, Hans et Christian Grass, avaient gravi le plus haut sommet et étaient sur le point de revenir ; Christian Grass en tête, puis M. W., Mme W. et enfin Hans Grass. Il y avait un épais brouillard. Les trois premiers du groupe montèrent sur la corniche ; il céda brusquement, et tous les quatre auraient été précipités contre la paroi de glace, qui tombe là à environ deux mille pieds de hauteur, si Hans Grass n'avait pas eu la présence d'esprit, l' activité physique et la force de bondir en même temps. du côté opposé de la crête et plantez fermement ses pieds dans la neige. Heureusement, M. W. n'avait pas perdu sa hache ; il l'a donné à Christian Grass, qui, dans cette terrible situation, s'est détaché de la corde et s'est frayé un chemin jusqu'à la crête, où son frère et lui, unissant leurs forces, ont pu mettre M. et Mme W. en sécurité. .»

Quel terrible moment de suspense cela a dû être lorsque M. W. a laissé tomber sa hache sur le guide en bas, qui, s'il n'avait pas réussi à l'attraper, aurait perdu la dernière chance de sauver le groupe.

Un accident très semblable à celui du Piz Palü s'est produit le 18 août 1880 sur l'Ober- Gabelhorn , près de Zermatt. Dans ce cas, comme sur le Palü , aucune vie n'a été perdue grâce à l'action rapide de l'un des guides, Ulrich Almer . J'extrais le récit suivant de l'événement du livre d'Ulrich :

« Nous attaquâmes la montagne directement depuis l' alpe du Trift , et avions escaladé les rochers escarpés et atteint l' *arête orientale* , le long de laquelle, à une distance d'environ douze mètres du bord, nous avancions, lorsqu'une énorme corniche tomba, emportant avec elle le guide principal, Brantschen , et les deux voyageurs. Almer , qui resta seul sur *la terre ferme* , fit preuve d'une force et d'une présence d'esprit extraordinaires. Aussitôt, en entendant le craquement de la corniche, il sauta d'un mètre en arrière, plongea sa hache dans la neige et, s'enfonçant aussi fermement que possible, fut ainsi en mesure d'arrêter la chute de tout le groupe dans un précipice d'environ 2000 pieds. Joseph Brantschen , qui est tombé le plus loin dans le précipice, s'est luxé l'épaule droite, et ce hasard a entraîné une descente longue et pour lui la plus pénible, et le retour à Zermatt nous a pris huit heures, le blessé étant obligé de s'arrêter tous les deux ou trois. minutes de douleur et d'épuisement. Il convient de mentionner que la masse de corniche tombée mesurait (autant qu'on peut en juger) environ quarante mètres de long sur treize mètres de large.

"M. CE Mathews, président, et d'autres membres du Club Alpin, sont entrés soigneusement dans les détails de l'accident et ont rendu leur verdict selon lequel, selon toutes les théories jusqu'ici acceptées sur les corniches, nous

laissions une marge suffisante et qu'aucun blâme n'y était attaché. au guide
Brantschen .... Il ne fait aucun doute que c'est uniquement grâce à la force, à
la présence d'esprit et à la rapidité d'action fulgurante d'Ulrich Almer que cet
accident sur le Gabelhorn ne s'est pas terminé avec le même résultat fatal.
résultats comme la catastrophe du Lyskamm .

(*Signé*)

SS MAJENDIE , AC .
RICHARD L. HARRISON. »

Comme preuve pratique de leur gratitude envers Almer , je comprends que
ces messieurs lui ont offert une vache.

CHAPITRE V.
AUTRES ANECDOTES DE GUIDES.

L'endurance est absolument nécessaire pour un guide qui entreprend des ascensions de premier ordre. Il est tout simplement stupéfiant de voir combien de fatigue un guide peut endurer sans aucun symptôme de capitulation. Un jour, Alexander Burgener, revenu à Zermatt après quatorze heures d'escalade, est parti avec moi le soir même et a mis encore quarante-trois heures. des heures d'effort (allégées par un arrêt de deux heures sur une corniche exposée en attendant la lune), presque « sans broncher ». Le porteur, lui aussi, avait participé aux deux ascensions et, bien que certainement fatigué en arrivant à Zermatt, il était encore loin d'être prosterné.

J'ai connu Martin Schocher monter cinq fois au Piz Bernina en une semaine, prenant un «jour de repos» au Piz Palü les deux autres jours; et parmi les longues excursions que j'ai faites avec des guides qui, à leur retour, déclaraient se sentir tout à fait frais, on peut citer la Dent du Géant, vingt-trois heures ; Aiguille du Midi (hiver), vingt heures ; Col d'Argentine (hiver), vingt heures ; Finsteraarhorn, montée et descente par Agassizjoch (après une ascension du Schreckhorn la veille), vingt-trois heures.

C'est lorsqu'un groupe rencontre du mauvais temps ou est plongé dans une situation exposée que l'endurance d'un guide est le plus mise à l'épreuve. Il y a quelques années, une fête composée de M. Howard Knox et d'un gentleman allemand, avec Peter Dangl de Sulden et Martin Schocher de Pontresina, s'est déroulée dans la nuit sur l' *arête* du Piz Scerscen. L'Allemand était presque inconscient à cause du froid et de la fatigue, et M. Knox était également épuisé par le manque de sommeil. Les guides, pendant toute la nuit, ne cessaient de côtoyer et de s'occuper de l'Allemand, et de temps en temps Schocher prenait M. Knox dans ses bras et lui accordait trois ou quatre minutes de sommeil, ce qui le rafraîchissait bien plus que ce qu'on pourrait attendre d'un court séjour. période pendant laquelle il pouvait s'y adonner en toute sécurité. Au lever du jour, Schocher a mené la fête avec style sur une toute nouvelle route jusqu'au glacier de Scerscen et les a tous ramenés sains et saufs à Pontresina le même après-midi. Le dernier splendide travail de Jean-Antoine Carrel en 1890, lorsque, après deux jours de confinement par mauvais temps dans la cabane supérieure du côté sud du Cervin, après vingt heures de labeur effroyable, il sortit sain et sauf de son groupe. de toutes leurs difficultés, puis s'allonger et mourir, est l'un des incidents les plus pathétiques de l'histoire alpine.

À ce sujet, M. Whymper a écrit dans l' *Alpine Journal* : « Il ne fait aucun doute que Carrel, aussi affaibli soit-il, aurait pu se sauver s'il avait prêté attention à sa propre conservation. Il prit une voie plus noble et, acceptant sa responsabilité, se consacra toute son âme au bien-être de ses camarades, jusqu'à ce que, complètement épuisé, il tombât en titubant sur la neige. Il était déjà en train de mourir ; la vie vacillait, pourtant l'esprit courageux disait : « Ce n'est *rien* ». On le plaça à l'arrière pour faciliter son travail ; il n'était même plus capable de subvenir à ses besoins ; il tomba à terre et expira au bout de quelques minutes.

Un cas extraordinaire d'endurance m'est venu à l'esprit il y a peu de temps, en feuilletant quelques vieux numéros du *Journal Alpin* . Cela n'a rien à voir avec les guides et n'est donc peut-être pas à sa place ici. Cependant, comme mon but dans ce petit ouvrage est plutôt d'intéresser mes lecteurs que de tenter une classification minutieuse des sujets, je citerai le récit pour leur bénéfice.

« Le même numéro de la même œuvre (*c'est-à-dire* le *Bulletino Trimestrale* , nos. x. et xi.) raconte une mésaventure alpine si extraordinaire qu'elle mérite d'être remarquée, et si incroyable qu'elle en semble à peine digne. Mais il est également hors de question de supposer que l'organe du Club Alpin Italien soit lui-même coupable d'une mystification, ou qu'il puisse être mystifié en une matière vérifiée par la signature de trois messieurs italiens, par une souscription publique, et par un document officiel. Partant de cette prémisse, nous donnons le récit suivant, fortement condensé de l'italien.

« Un groupe de jeunes hommes, qui avaient été employés sur le chemin de fer de Fell, traversant le Mont Cenis, rentra chez lui, vers la mi-octobre 1866, par le col du Collarin jusqu'à la vallée piémontaise d'Ala. Près du sommet, toujours en route. Du côté des Savoie, l'un d'eux, nommé Angelo Castagneri , a glissé, apparemment au bord de la *rimaye* , et a disparu. Ses compagnons, au lieu de revenir chercher du secours au village d' Averolles , distant d'un peu plus d'une heure, semblent avoir été possédés par l'idée qu'un homme descendu dans un glacier était sans secours, et traversèrent le col jusqu'à Balme , le premier village. où vivaient les parents de Castagneri . Ils le prirent froidement, car il s'écoula une semaine avant que quelqu'un aille le chercher, et alors le père, descendant à l'aide d'une échelle, le trouva étendu sur la terre humide à côté d'un caillot de sang qui coulait d'une blessure en sa tête, et toujours en vie. Il a fallu neuf ou dix heures pour le ramener chez lui, en utilisant l'échelle comme litière, et plusieurs jours se sont écoulés avant qu'il soit vu par un médecin. Le récit continue en disant qu'il a fallu neuf mois avant qu'il soit emmené à Turin et placé dans un hôpital là-bas, où ses jambes, dont il avait perdu les pieds à cause d'engelures et de mortifications ultérieures, ont été guéries, apparemment sans amputation. Castagneri dit qu'il n'avait aucun souvenir de quoi que ce soit depuis sa chute jusqu'à ce qu'il soit réveillé par la voix et le toucher de son père. Dans ce cas, il resta insensé pendant huit à neuf jours et devait probablement la vie à son insensibilité.

Le sujet des multiples gentillesses et des actes de altruisme manifestés par les guides, tant envers leurs employeurs qu'entre eux, est si vaste que je ne peux l'aborder que de la manière la plus superficielle. Je me souviens bien, il y a quelques années, d'avoir entendu parler d'un acte très gentil de Melchior Anderegg . Le groupe avait gravi la Dent d'Héréns et, en revenant, Ulrich Almer fut frappé et grièvement blessé par une pierre. Il fut impossible de le faire descendre à Zermatt cette nuit-là et il dut passer plusieurs heures, en attendant le jour, assis sur les rochers. Il faisait extrêmement froid, et Melchior ôta son manteau et enveloppa le blessé dedans, restant toute la nuit en manches de chemise.

Dans mon ouvrage « Les Hautes Alpes en hiver », j'ai raconté comment mes guides, pendant que je dormais dans la Cabane d'Orny (près du glacier d'Orny), ôtèrent leurs manteaux et m'en couvrit pour que je n'aie pas froid, pendant qu'ils restaient assis toute la nuit à préparer du thé chaud et à rivaliser d'histoires de chasses au chamois.

Faites l'expérience que tout bon guide doit avoir. Voici une anecdote montrant comment un membre de la profession l'a acquis. Ce guide, désormais bien connu et de premier rang, commença sa carrière avec deux Allemands pour victimes. La fête se dirigeait, je crois, vers la Cima di Jazzi , et lorsque la glace du glacier du Gorner céda la place à la neige, le moment fut venu d'enfiler la corde. Le guide se sentit très perplexe ; et il réfléchissait lentement. Pendant ce temps, les deux messieurs, aussi ignorants des embarcations de montagne que leur gardien, restaient là et regardaient la corde se dérouler lentement. Enfin le guide prit une soudaine résolution, et faisant une boucle à chaque extrémité de la corde, il la passa autour du cou de ses deux protégés, et prenant la corde au centre , la tint dans sa main, ayant juste ce qu'il fallait d'esprit naturel. ne pas l'attacher autour de son cou ! Ils restèrent dans cet état effroyablement dangereux pendant toute l'ascension. En revenant, un autre groupe a été vu approcher. Le guide s'arrêta lorsqu'il découvrit qu'il était conduit par un de ses amis. Il le prit à part et lui dit : « Dites-moi, comment faut-il attacher les gens ? Ne l'ai-je pas fait correctement ? L'autre guide répondit, avec une gaieté intérieure : "Oh, oui, c'est tout à fait vrai !" Sur quoi son ami s'écria : « Et pourtant, je vous assure que ces messieurs m'ont insulté toute la journée ! » Voilà pour cette agréable opération qu'on appelle « l'expérience d'achat ».

Le guide qui a eu le plus d'expérience dans les Alpes est, je pense, Christian Almer , si par expérience nous entendons réaliser un grand nombre d'ascensions et d'excursions différentes. Les Oberlanders voyagent hors de leur propre district plus que tout autre guide ; à côté d'eux, probablement les hommes de Saas et de Saint-Nicolas ; puis quelques guides de Chamonix (mais pas beaucoup). On rencontre également *en voyage* Peter Dangl de Sulden , Tyrol, et plusieurs hommes de Valtournanche , le premier étant très fréquent.

En terminant le sujet des guides, j'ajouterai seulement que j'espère que ces petits détails de mon expérience d'eux et de celle d'autres personnes ont peut-être aidé certains à mieux comprendre à quel point ils constituent un corps d'hommes splendide et combien on peut apprendre en les connaissant. bien, et dans les relations constantes avec eux dont jouit tout grimpeur. J'ai essayé de montrer que les classes supérieures de la profession ne sont pas constituées d'un certain nombre de paysans égoïstes, ignorants et sans principes, qui considèrent tous les voyageurs comme leur proie légitime, mais un groupe d'hommes courageux et nobles, souvent remarquables par leurs capacités intellectuelles. qualités, et à bien des égards uniques en tant que classe.

CHAPITRE VI.
LA VIE ALP.

Savez-vous, mes lecteurs, ce qu'est un alpage ? Peut-être que la question vous semble triviale et que vous êtes enclin à répondre avec indignation : « Bien sûr ! Eh bien, vous avez peut-être raison ; mais je vais quand même décrire un alpage, car il est aussi fort possible que vous vous trompiez. Quant à ce que n'est pas un alpage, je commencerai par affirmer avec insistance que ce n'est pas une montagne, qu'il n'est pas enneigé en été et qu'il n'a absolument rien à voir avec les incidents de la nature dont il est question dans le guide. des livres comme « les Alpes ». Un alpage s'écrit avec un petit *a* – c'est une distinction. C'est un pâturage occupé en été par des vaches, des chèvres et d'énormes cochons noirs, et par des jeunes hommes et des jeunes filles pour s'en occuper, par conséquent il n'est couvert de neige qu'en hiver, et comme il fournit aux animaux une herbe belle et nourrissante. , il présente un aspect très différent des versants rocheux et glacés des Alpes (avec un grand *A*).

Pendant les longs mois d'hiver, les vaches, si précieuses pour les Suisses, sont gardées dans les étables des villages, souvent étouffantes, et ne sortent que chaque jour pour aller chercher de l'eau. Il est familier aux hivernants des Alpes de rencontrer ces animaux dans la rue du village, plongeant et galopant pour profiter de quelques bouffées d'air frais avant de s'abreuver dans l'une des nombreuses auges avec lesquelles même les plus petits des hameaux alpins est si généreusement approvisionné.

Vers le début du mois de mai, les vaches sont sorties de leurs écuries et conduites vers les basses Alpes . Ces Alpes constituent une grande source de richesse pour le pays. De nombreux propriétaires de grands troupeaux de bovins en possèdent jusqu'à trois, situés à différentes altitudes à flanc de montagne. C'est au plus bas que les vaches vont d'abord, et au moment où ses riches pâturages auront été pleinement appréciés et considérablement diminués, la neige aura fondu des pentes au-dessus, et c'est là que le troupeau poursuit son chemin. Vers la mi-juin ou plus tard, on atteint l'alpage le plus élevé et les animaux y restent jusqu'au début de l'automne. Puis ils redescendent, s'arrêtant environ un mois aux stations intermédiaires, jusqu'à ce que fin octobre les voit de nouveau établis dans la vallée pour l'hiver.

Le jour du départ des vaches pour les Alpes est fêté avec de grandes réjouissances dans la plupart des villages suisses, et sans doute autrefois il devait avoir lieu plus tôt dans la saison qu'aujourd'hui, car le 1er mars est encore célébré comme une fête dédiée au passage des vaches dans les prés, et si la vallée était débarrassée de la neige au 1er mars, les basses Alpes devaient sûrement être habitables au mois d'avril.

Un récit intéressant, par Herr Bavier , des réjouissances du 1er mars, est paru dans le *St. Moritz Post* du 10 mars 1888, et je pense que mes lecteurs souhaiteront que j'en reproduise une partie. M. Bavier , sous le titre « Chalanda Mars », écrit :

« Qu'est-ce que Chalanda Mars ? presque tous mes lecteurs me le demanderont. Ici, c'est la plus grande fête des enfants, et dans chaque village, aussi petit soit-il, le Chalanda Mars est célébré avec autant de splendeur que possible. Depuis des centaines d'années, il est d'usage que les chefs de famille versent une certaine somme, qui est mise à la disposition du maître d'école, et avec laquelle il se procure une provision de crème, de gâteaux, de friandises et d'autres choses chères à la jeunesse. palais. Le 1er mars (Chalanda , c'est-à-dire « début »), les principaux élèves de l'école du village parcourent les rues en sonnant de grosses cloches à vaches, en faisant claquer des fouets et en chantant :

' Chalanda Mars, Chaland See More Avrigl ,

Lasché las vaschas notre d'nuigl ,

Cha l'erva crecha

E la naïve svanescha ,'

ce qui signifie,

Début mars, début avril,

Faites sortir les vaches de leurs étables,

Car l'herbe pousse,

Et la neige s'en va.

« Lors de leur procession à travers le village, les jeunes ramassent des châtaignes, ou toute autre friandise offerte par les auditeurs au son de leur musique, et le dimanche qui suit ces trésors sont déposés sur une sorte de 'buffet' somptueux, et tous les enfants du village, même les bébés, sont invités à s'aider eux-mêmes. Après le dîner, une danse contribue à animer davantage les choses et à faire attendre les petits gens avec impatience le « Chalanda Mars » de l'année prochaine.

Le troupeau, composé peut-être d'animaux appartenant à vingt personnes différentes ou plus, à son départ pour les montagnes, est dirigé par la plus grande et la plus belle des vaches. Elle est décorée de la cloche la plus belle et la plus grave, et à chaque marche elle ne manque jamais de se placer devant tous ses compagnons, et lorsque, par la vieillesse ou la maladie, elle perd sa supériorité et que sa cloche est transférée au cou d'un autre animal, elle s'abandonne parfois à une telle tristesse qu'elle altère gravement sa santé.

Tschudi raconte qu'un jour, alors que les troupeaux se préparaient à descendre de l'alpage supérieur de Bilters , il remarqua un combat acharné entre deux vaches et, lorsqu'il en demanda la raison, les bergers lui dirent qu'une des vaches avait porté le poids. grosse cloche lors de l'ascension, mais qu'elle avait été transférée de son cou à celui d'un animal encore plus beau pendant leur séjour à l'alpage. La première vache, ayant entendu le son de sa vieille cloche, était venue de très loin et, à son arrivée, elle s'était immédiatement battue, pour se venger de la perte de son ancien privilège.

Après le chef de la troupe suivent ceux qui sont les plus importants, et on dit que chaque fois que l'achat d'un nouvel animal s'ajoute au troupeau, le dernier arrivé engage tour à tour chacune des vaches dans la bataille, et le résultat des combats détermine sa position parmi ses compagnons. Les cloches portées par les vaches sont quelquefois si grandes qu'elles mesurent un pied de diamètre, et coûtent parfois jusqu'à quatre-vingts ou cent francs.

Les vaches sont accompagnées dans leurs quartiers d'été soit par une fille, connue sous le nom de *Sennerin* , soit par un vacher, ou *Senner* . On imagine souvent que ces paysans mènent une vie de paresse romantique, allongés sur le gazon vert émeraude, entourés de cimes enneigées scintillantes, et faisant résonner sur les falaises leurs jodels ou le « Ranz des Vaches ».

Je puis ajouter ici que, selon le Dr Forbes, le nom du « Ranz des Vaches » dérive du « rang » ou rang dans lequel les vaches sont traites, le « Ranz des Vaches » étant habituellement chanté par les paysans à leur départ pour les alpes . Cependant, dans un ouvrage de II. Szadrowsky intitulé « La musique et les instruments de musique des habitants des Alpes » (1868), la dérivation de *Ranz* proviendrait de *ranner*, crier (suisse-roman) et du « Ranz des Vaches » de *Reihen* ou *Reigen* , une chanson. En vérité, l'existence des paysans qui habitent ces Alpes n'est en rien paresseuse. Levés avant le point du jour — je les ai souvent vus debout vers 3 heures du matin —, ils doivent sortir leurs vaches de l'abri où ils ont passé la nuit. Si l'un des animaux est malade, il faut s'en occuper. Ils doivent être traites deux fois par jour et la fabrication du fromage constitue une partie importante et ardue de la routine quotidienne.

En Engadine et en général dans tous les Grisons, les cabanes d'alpage sont construites en bois ou en pierre massive, elles sont confortables et spacieuses et un bon abri est prévu pour le bétail. Dans de nombreuses régions du Valais, au contraire, les cabanes en pierre brute des vachers, si basses qu'il est parfois impossible de maintenir une position verticale, ne sont que de misérables masures construites à la hâte, les murs étant constitués de pierres empilées les unes sur les autres. un autre, sans tenir compte des interstices, et un toit de dalles rocheuses recouvrant la misérable structure. Dans beaucoup de ces Alpes , les vaches ne disposent d'aucun abri et, souvent, en traversant des alpages la nuit, j'ai été surpris en trébuchant soudainement sur une masse chaude endormie dans les longues herbes couvertes de rosée.

Les pâturages les plus élevés se trouvent généralement à environ 7 500 pieds, mais au Riffel, au-dessus de Zermatt, on peut voir des vaches paître à plus de 8 000 pieds, et sur les pentes sud du versant italien des Alpes, elles montent encore plus haut. Dans plusieurs régions de la Suisse, les vaches, pour gagner leurs quartiers d'été, doivent traverser la glace des glaciers, et à Montanvert , au-dessus de Chamonix, on les voit en juin et octobre traversant la Mer de Glace.

On trouve en Suisse deux espèces distinctes de bovins. L'un se rencontre dans les districts situés entre le lac de Constance et la limite orientale du Valais, tandis que l'ouest est occupé par une espèce différente. Le premier se distingue facilement, étant d'un brun uniforme, tantôt foncé, tantôt clair, tandis que l'autre est blanc avec des taches noires ou jaunes, parfois entièrement rouge ou noir, avec seulement une marque blanche sur le front. La première de ces deux variétés, a-t-on remarqué, est plus lourde ou plus légère, selon qu'elle habite les basses terres ou les hautes vallées.

Les plus lourds et les plus beaux de ces animaux se trouvent dans le canton de Suisse et atteignent un poids de vingt à vingt-cinq quintaux . De cette dernière sorte, les meilleurs spécimens habitent Bulle , Romont et la Suisse orientale en général. Ces animaux sont les plus lourds de tous.

Pour plus d'informations sur « Alp Life », je renvoie mes lecteurs au « Monde des Alpes » de Tschudi .

CHAPITRE VII.
LE CHAMOIS.

Parmi les animaux rencontrés dans les Alpes, il n'en est aucun qui intéresse autant le voyageur que le chamois. La raison n'est pas loin d'en chercher la raison, car l'animal est suffisamment rare pour exciter à la fois la curiosité et l'imagination, tandis que sa poursuite est connue pour être si difficile et souvent dangereuse, qu'on l'a souvent décrit comme « un alpinisme sans corde ». .» Ainsi, un charme romantique est jeté sur l'ensemble du sujet.

Le tir au chamois en Suisse n'est autorisé que pendant un mois de l'année, en septembre. Les étrangers s'y adonnent rarement, dans ce pays, car il y a beaucoup de difficultés à obtenir une licence. En effet, on ne peut l'obtenir qu'après que l'étranger a souscrit une *Niederlassung* (qui confère de nombreux droits de naturalisation sans perte de ceux du Britannique né libre), et c'est un processus à la fois pénible et fastidieux, en plus d'entraîner une résidence d' un certain temps en Suisse.

Il existe cependant plusieurs autres plans par lesquels le sportif ardent exerce sa volonté. L'une d'elles consiste simplement à aller tirer et, sans tenir compte de toute considération monétaire, à payer une lourde amende pour chaque chamois capturé. Mais à quelle époque les autorités suisses déclaraient incorrigible le contrevenant à leurs lois et l'introduisaient à l'intérieur d'une de leurs prisons, je l'ignore.

Une troisième solution, et celle habituellement suivie, consiste pour l'étranger à accompagner un indigène armé d'un permis et d'un fusil pour son usage personnel. Je n'affirmerai pas que dans l'excitation de la chasse celui-ci ne change pas parfois de mains.

Gênée par un fusil, et sans l'aide de la fidèle corde et du piolet, la chasse au chamois demande une activité et une endurance exceptionnelles. La plupart des Anglais qui pratiquent ce sport ont leur quartier général dans les Alpes italiennes, où les réglementations gouvernementales sont moins strictes que dans ce pays.

L' Engadine abrite de grands troupeaux de chamois, et on peut en voir trente à quarante presque chaque jour en été se nourrir sur les pentes du Piz Tschierva , en face du restaurant Roseg . Cela est sans doute dû au fait que cette partie de l' Engadine est strictement préservée depuis quelques années.

Pour le bénéfice de ceux de mes lecteurs qui n'ont jamais vu de chamois, j'extrait la description suivante d'un chamois du petit ouvrage brillamment écrit de M. Baillie Grohman , « Le Tyrol et les Tyroliens ».

« Un peu plus gros qu'un chevreuil , un chamois pèse, à maturité, de quarante à soixante-dix livres. Sa couleur , en été, d'un brun jaunâtre sombre, change en automne pour prendre une teinte beaucoup plus foncée, tandis qu'en hiver, elle est presque noire. Les cheveux du front et ceux qui surplombent les sabots restent brun fauve toute l'année, tandis que les cheveux qui poussent le long de la colonne vertébrale sont en hiver brun foncé et d'une longueur prodigieuse ; il fournit au très prisé « Gamsbart » , littéralement « barbe du chamois », des touffes dont les chasseurs aiment à orner leurs chapeaux. La constitution de l'animal présente dans sa construction un merveilleux mélange de force et d'agilité. La puissance de ses muscles n'a d'égale que l'extraordinaire facilité d'équilibrer le corps, de trouver instantanément, pour ainsi dire, le centre de gravité.

La plupart des régions des Alpes ont leurs fameux chasseurs de chamois ; mais, selon Tschudi , le plus célèbre de tous était Jean-Marie Colani de Pontresina . On raconte qu'il élevait environ 200 chamois, à moitié apprivoisés, sur les collines proches de chez lui. Chaque année, il abattait une soixantaine de mâles, en calculant à peu près le même nombre de petits nés chaque saison. Il ne tolérait aucun étranger dans la région, et les Tyroliens surtout souffraient beaucoup de sa faute. On racontait populairement à Pontresina qu'il avait une chambre dans son châlet décorée d'instruments de chasse étrangers, qu'il avait pris à ceux qu'il avait tués, le nombre de ses victimes étant estimé à trente. Bien sûr, c'était une grossière exagération, et A. Cadonau , un vieux chasseur de chamois de Bergün , affirmait que Colani n'avait tué qu'un seul chasseur tyrolien qu'il avait trouvé sur le sol suisse près du Piz Ot ; mais il raconte qu'un jour il a rencontré Colani à l'improviste, et celui-ci l'a délibérément visé, n'abaissant son arme que lorsqu'il a reconnu son ami.

On raconte qu'un jour Colani tua trois chamois groupés d'un seul coup, et on raconte de nombreuses anecdotes à son sujet, dont la plupart ne sont nullement à son honneur. Depuis l'âge de vingt ans jusqu'à sa mort, Colani a tué 2 600 chamois. Ce chiffre n'a jamais été atteint par personne d' autre. La mort de Colani en 1837 fut causée par un effort excessif, il avait parié de tondre un terrain dans le même temps qu'il faudrait deux des meilleures tondeuses tyroliennes pour accomplir une telle somme.

Les Grisons ont eu d'autres chasseurs célèbres, parmi lesquels on peut citer J. Rüdi de Pontresina et Jacob Spinas de Tinzen . Celui-ci commença à chasser à douze ans, et, en vingt-deux ans de carrière, tua 600 chamois, en plus de capturer chaque saison quarante à cinquante lièvres, une soixantaine de marmottes, une centaine ou plus de perdrix, une douzaine de renards. et en un seul jour, attraper des truites pesant entre quinze et vingt livres.

Le plus grand troupeau de chamois que Spinas ait jamais vu comptait entre soixante-cinq et soixante-huit têtes. Spinas a contesté qu'il n'était surpassé en tant que chasseur que par un autre homme du canton, à savoir B. Cathomen de Brigels .

D'autres chasseurs de chamois réputés, habitant le Val Bregaglia et les vallées voisines , sont Giacomo Scarlazzi de Promontogno , qui a abattu jusqu'à cinq chamois par jour et dix-sept par semaine, et Pietro Soldini de Stampa. Ce dernier, jusqu'en 1887, avait tué 1 200 à 1 300 chamois, dont il en abattit quarante-neuf en un seul automne. J. Saratz de Pontresina était aussi un chasseur célèbre, et il ne faut pas oublier les trois frères Sutter de Bergün . Parmi eux, ils ont abattu 1700 têtes, en plus desquelles Mathew Sutter a tué un ours, un læmmergeier et souvent en un jour huit à dix lagopèdes. Il n'a vu que trois lynx, mais n'en a jamais abattu un seul.

Octobre 1852 fut une période fatale pour les chasseurs de chamois, dont trois, dont le célèbre guide Hans Lauener , furent tués au cours de ce mois. L'adage selon lequel les chasseurs de chamois sont plus nombreux à mourir en pratiquant leur sport favori qu'à mourir de mort naturelle contient malheureusement une bonne part de vérité. Parfois le chasseur, accablé de fatigue, s'endort dans un endroit froid et exposé, pour ne plus se réveiller. Parfois, il est mortellement blessé par des chutes de pierres ou frappé par la foudre lors d'un orage. Souvent, il est tué par des avalanches, et si, sur un terrain difficile, loin de chez lui, il est rattrapé par un épais brouillard, sa position devient des plus périlleuses. Il peut errer des heures sans approcher de la vallée ; il peut glisser dans un précipice caché par la brume ; il peut céder à l'épuisement total. La diminution du nombre de chamois depuis quinze ou vingt ans rend également sa tâche beaucoup plus difficile, et il peut passer des jours sans pouvoir s'en approcher, ou peut-être même sans en voir.

Une jolie anecdote sur un chamois est racontée par le Dr John Forbes dans son ouvrage « A Physician's Holiday ». Il dit qu'en 1843, le propriétaire d'un grand troupeau de chèvres sur le Grand Scheideck avait apprivoisé un chamois si bien, en le dressant presque dès sa naissance, qu'il pouvait se mêler au troupeau avec ses cousins plus civilisés , et aller et venir avec eux dans les montagnes avec une parfaite docilité et une apparente satisfaction. Comme la plupart de ses compagnons, il était orné d'une cloche suspendue autour de son cou. Après avoir suivi pendant trois saisons successives ce cours domestique, il oublia tout d'un coup les leçons qu'il avait apprises et perdit à jamais son caractère de membre de la société civilisée . Un beau jour, alors que le troupeau était plus haut dans les montagnes que ce qui était habituel pour le troupeau, il entendit soudain le bêlement de ses frères sur les falaises au-dessus, et dressant les oreilles, il partit et disparut rapidement parmi les rochers, d'où les sons magiques. était venu. Depuis cette heure, on n'a jamais vu de chamois apprivoisé sur les pentes du Scheideck , mais les chasseurs entendaient souvent sa cloche sonner dans les solitudes sauvages du Wetterhorn.

Ce n'est que lorsque le chamois aura perdu, à cause de la maladie, l'intelligence dont il est doté par la nature qu'il abandonnera sa montagne et cherchera les repaires de l'homme. Johann Scheuchzer de Zurich nous raconte qu'en 1699 , quatre ans seulement avant la date de son voyage, un chamois descendit soudainement dans la vallée d' Engelberg dans l'Unterwald , et non seulement se mêla aux chevaux et aux vaches, mais ne put même pas être chassés d'eux par des pierres. Il fut enfin abattu, et sur son corps examiné après la mort par un des pères du monastère voisin , on trouva une poche contenant du sérum aqueux et des particules sableuses appuyant sur le cerveau. Il y a une dizaine d'années, un chamois est apparu dans les rues de Bonneville (Haute-Savoie), et s'est introduit sereinement par la porte ouverte d'un restaurant, où il a été capturé. Les chasseurs de Chamonix disent qu'il existe une certaine herbe qui, lorsqu'elle est mangée par les chamois, les rend fous, et que par conséquent ils s'égarent dans la vallée.

Le 1er septembre 1887, un chamois fut aperçu par un Anglais qui circulait sur la grande route de Frauenkirch , près de Davos- Platz . Le cocher l'a également vu, et la distance entre la route et la rive droite du Landwasser , où il a été aperçu pour la première fois, était si courte qu'on pouvait obtenir une excellente vue de l'animal. Il traversa vigoureusement la rivière à la nage et disparut dans la forêt au-delà. Peut-être que le 1er septembre étant la date à laquelle commence la chasse au chamois, celle-ci a été repoussée dans la vallée par la terreur.

Les chamois se jettent librement dans l'eau, et plusieurs cas sont connus où ils ont pu, grâce à la nage, échapper à leurs poursuivants.

De nombreux chasseurs considèrent un animal particulier dans la région où ils habitent comme un animal de compagnie et s'abstiennent de l'abattre eux-mêmes ou de le laisser abattre. Ces bêtes favorites sont quelquefois si apprivoisées qu'elles s'attardent autour des alpes où habitent les chasseurs et leur permettent de s'approcher à quelques pas de distance.

Comme beaucoup d'autres animaux, les chamois aiment beaucoup le sel, et dans certaines régions où les roches sont parfumées d'un goût salin, les animaux viennent en troupeaux pour les lécher. Les chasseurs déposent quelquefois du sel au profit des chamois, en s'abstenant cependant de leur tirer dessus lorsqu'ils viennent le manger, car ils pourraient ainsi les effrayer et les éloigner de cette partie du pays.

Il existe plusieurs manières de chasser le chamois. Parfois ils sont chassés, soit comme dans les grandes réserves du duc de Cobourg près de l' Achensee , celle de l'archiduc Victor près de Kufstein , et d'autres au Tyrol et en Allemagne (il va sans dire qu'il n'y a pas de réserves privées en Suisse), ou bien, d'une manière plus sportive, lorsque trois ou quatre chasseurs chassent les chamois de leurs pâturages à l'aube, et, plus tard, remontant les pentes, les reconduisent, en imitant souvent les aboiements d'un chien, vers leur retraite. Ici, plusieurs chasseurs sont cachés, et dès que les animaux arrivent à portée, ils tirent. Il est bien entendu souvent difficile de conduire les chamois dans la bonne direction, mais la connaissance de leurs repaires affichée par les chasseurs est souvent des plus étonnantes par son exactitude.

La manière la plus habituelle de chasser le chamois est de le traquer, et je pense qu'il ne peut y avoir de doute quant à la supériorité infinie du sport ainsi obtenu. J'ajouterais ici, selon les mots d'un sportif, que « l'abattage en masse d'un animal que la nature elle-même a placé dans les recoins les plus sublimes de sa création, et doté de si nobles qualités et d' une organisation si merveilleuse , est un procédé qu'un véritable le sportif ne devrait pas accepter.

On estime qu'il y a jusqu'à 2000 têtes de chamois rien que dans les Grisons. On pense que le plus vieux chamois jamais abattu avait atteint l'âge de quarante ans. Il a été tué en Engadine en 1857, mais son âge est probablement très exagéré. Quant au chamois le plus lourd, celui de 125 livres suisses a été abattu sur le Tschingel (Oberland bernois). Je ne trouve aucune trace d'un chamois d'un poids plus important que celui-ci.

On a estimé, d'après des mesures faites sur le Mont Rose, qu'un chamois peut sauter des crevasses de seize à dix-huit pieds suisses de largeur, tandis qu'il peut sauter d'environ vingt-quatre pieds.

Chaque année, le nombre de chamois abattus dans les Grisons dépasse les 500 et, en décembre, un nombre correspondant de peaux est proposé à la vente au marché de Saint-André à Coire.

On a souvent spéculé sur la disparition éventuelle du chamois de ce pays. Je ne peux pas penser qu'il soit probable que ce soit le cas. Il est soigneusement conservé dans les cantons fermés, et à mesure que les vallées sauvages des Alpes s'ouvrent de plus en plus, le braconnage deviendra plus difficile et les animaux par conséquent plus à l'abri des agressions. Plus les habitations augmenteront dans les hautes vallées, plus les chamois deviendront probablement sauvages et donc plus difficiles à chasser ; de sorte que je ne pense pas que nous ayons à craindre la disparition de la race.

CHAPITRE VIII.
SUR LES GLACIERS.

L' *Alpine Journal* de novembre 1868 conclut par ces mots : « Si quelqu'un pense que la science alpine a déjà été trop profondément ancrée dans l'esprit du public, nous le renvoyons à une récente lettre ridicule que le rédacteur en chef du *Times* ne jugeait pas indigne. à publier, et dans lequel l'écrivain disait qu'un « nuage de fumée », tel qu'il apparaissait sur la montagne, « poussait le cri que le glacier des Pélérins avait éclaté, emportant avec lui une partie de la moraine qui le maintenait dans ses limites ! »

Si quelqu'un avait dit au monde de l'escalade à cette époque qu'en 1891 le voyageur ordinaire serait presque aussi ignorant du comportement des glaciers que l'était le correspondant *du Times* mentionné ci-dessus, j'imagine que le prophète aurait été reçu avec dérision. Mais je sais que tel est le cas ; et l'année dernière encore, alors que je remontais le Piz Languard avec un groupe d'amis, on m'a demandé si la moraine médiane du glacier de Morteratsch était une route carrossable ou seulement un chemin cavalière ! C'est mon excuse pour entrer assez longuement dans un sujet qui a déjà été traité de manière si compétente et avec beaucoup de détails par les professeurs Tyndall, Forbes, Heim, Forel et d'autres.

Maintenant, permettez-moi de vous parler de ces grandes masses glacées qui, sous le nom de glaciers, poussaient leurs formes froides bien au-dessous de la région des neiges perpétuelles, et dans certains cas, comme, par exemple, celui du glacier des Bossons à Chamonix. , poussent même leurs vagues gelées parmi les prairies et les forêts jusqu'au fond de la vallée.

Ceux qui ne connaissent que l'extrémité inférieure des glaciers me demandent constamment pourquoi ils fondent continuellement et rapidement à leur extrémité inférieure, et pourtant leurs caractéristiques générales ne sont que légèrement altérées d'année en année. La réponse évidente est qu'ils se renouvellent constamment par le haut et que la glace des glaciers était autrefois de la neige qui, pendant une période considérable, a été soumise à une pression énorme. L'illustration courante d'une boule de neige pressée dans la main jusqu'à ce qu'elle devienne dure et glacée, explique cette transition de la neige à la glace d'une manière facilement compréhensible par tous, et si l'on se souvient que la main chaude, en plus de la pression, tend également à produire le résultat ci-dessus, nous avons un parallèle avec la chaleur du soleil agissant sur la neige froide et sèche des régions supérieures. Or, chacun sait que lorsqu'il pleut dans les vallées, il neige sur les montagnes, et que même pendant la chaleur de l'été, il ne pleut que très rarement au-dessus de 11,000 à 12,000 pieds d'altitude. En conséquence, l'accumulation de neige sur les sommets les plus élevés est très grande, et la pression qu'exerce son poids est énorme.

Par suite naturelle, une partie des calottes glaciaires ou des couches de neige gravite vers le bas, et là où les neiges supérieures sont très étendues et où la forme du canal est appropriée, on trouve un grand glacier, comme c'est le cas près de Pontresina , où l'immense glacier du Morteratsch poursuit son long cours, alimenté par les neiges de la Bernina et de la Bellavista . Le premier à parler clairement et positivement de la théorie depuis bien éprouvée selon laquelle un glacier se déplace comme une rivière fut Monseigneur Rendu , originaire de Savoie. « Entre la Mer de Glace et une rivière, il y a une ressemblance si complète, qu'il est impossible de trouver dans la seconde une circonstance qui n'existe pas dans la première », écrit-il, et le professeur Tyndall expose d'une manière admirable la raison. pourquoi un glacier se déplace plus rapidement au centre que sur les côtés. Je ne peux pas faire mieux que de citer ses propres mots.

« Un bouchon, lorsqu'il est lancé sur un cours d'eau près de son centre , se déplacera plus rapidement que lorsqu'il est lancé près du côté, car la progression du cours d'eau est retardée par ses berges. Alors que vous et votre guide vous teniez ensemble sur les vagues solides de cette Amazonie de glace, vous avez été emportés sans résistance . Vous avez vu les rochers perchés sur leurs piédestaux gelés ; c'étaient des dépouilles de collines lointaines, extraites de sommets lointains et flottées vers des niveaux plus bas comme des blocs de bois sur le Rhône. À mesure que vous avanciez vers le centre , vous étiez transporté dans la vallée à une vitesse toujours croissante. Vous ne l'avez pas senti – il ne l'a pas senti – et pourtant vous étiez poussé à une vitesse qui, si elle se poursuivait, s'élèverait à 1 000 pieds par an.

De nombreux glaciers descendent en courbes, poursuivant un cours sinueux vers la vallée, et le côté convexe de la courbe doit bien entendu s'accélérer considérablement pour suivre le reste. Or, comme la glace se déplace ainsi plus rapidement d'un côté que de l'autre, il en résulte que le côté convexe est déchiré et déchiré, et se divise en fissures et en gouffres appelés crevasses. Par conséquent, un glacier qui coule vers le bas en ligne droite et avec une légère pente présente une surface relativement ininterrompue, tandis qu'un glacier qui descend à pas de géant sur un lit escarpé et se précipite autour de virages serrés présentera toutes les caractéristiques d'un glacier infranchissable. automne.

Des exemples frappants de la première classe de glaciers sont le glacier d'Aletsch , la partie supérieure du glacier du Gorner , le glacier de Miage , le glacier de Roseg , le glacier de Pasterzen , etc., et parmi les derniers le glacier de Bies , le glacier de Brenva , le glacier de Géant. glacier, le glacier du Pers , et bien d'autres. Le point exact auquel la neige des hauteurs passe dans la glace du glacier n'a jamais été déterminé avec certitude, mais les chutes de neige de chaque hiver sont distinctement traçables par une bande de neige de teintes différentes partout où, au-dessus de la ligne des neiges, un glacier est très divisé.

Les hautes montagnes couvertes de glaciers sont couvertes de ce qu'on appelle *le névé* , *le névé* étant la neige finement cristallisée des régions supérieures, qui ne fond pas tout l'été. La glace des glaciers qui se forme par la pression de ce *névé* est tout à fait différente de la glace qui résulte du gel de l'eau, et se révèle être constituée de cristaux ronds, dont la taille varie depuis celle d'un œuf de poule jusqu'à celle d'une tête d'épingle. Tout observateur aura remarqué la glace habituellement fournie dans *les tables d'hôtes suisses* et le curieux comportement qu'elle présente par rapport à la glace ordinaire ; car tandis que celui-ci fond uniformément de l'extérieur, le premier est alvéolé d'air et d'eau, et après un certain temps sa structure particulière, composée de nombreuses particules, est visible. Ces cristaux ou particules sont appelés *granules de glacier* ou *maïs de glacier* .

La blancheur d'un glacier, comparée à la noirceur d'un lac gelé, est une caractéristique qui, je le sais, en laisse plus d'un. C'est simplement dû à la présence de ce maïs glaciaire, qui permet à une grande quantité d'air de pénétrer dans toute la masse de glace. La belle structure bleue veinée ou en ruban , observée pour la première fois par Forbes sur le glacier Unter -Aar, est due à l'absence de bulles d'air et représente des meurtrissures dans la glace où, par la fonte, la déformation et la pression, certaines parties ont subi le choc. l'air chassé.

Nous allons maintenant remarquer plusieurs des particularités qui ressortent à la surface d'un de ces grands fleuves de glace. En montant, par exemple, du restaurant Morteratsch vers le glacier du même nom, nous devons traverser une partie de la masse pierreuse et terreuse connue sous le nom de moraine terminale. Or le sujet des moraines est un sujet très vaste, à tel point que nous y consacrerons probablement la quasi-totalité d'un prochain chapitre. Pour le moment, nous nous contenterons de marcher dessus et d'atteindre la glace très sale dont est composé le museau ou l'extrémité inférieure du glacier de Morteratsch . Pendant qu'un des convives taille les marches par lesquelles vous montez, vous avez le temps d'observer les cristaux de glace ou maïs de glacier dont nous avons déjà parlé.

Avant d'aller loin sur la surface plane du glacier, vous verrez plusieurs rochers qui reposent sur des socles de glace soutenus à une certaine hauteur. Celles-ci sont appelées *tables glaciaires* et résultent de la présence d'un bloc de pierre qui protège la glace située en dessous de la chaleur du soleil, l'empêchant ainsi de fondre. En conséquence, pendant que le glacier tout autour se dissolvait et s'affaissait, la glace sous ces rochers n'a que légèrement fondu, et graduellement un pilier atteignant parfois quatre pieds ou plus de hauteur se forme sous chaque bloc erratique. Le soleil peut, bien entendu, atteindre ces socles de glace plus librement du côté sud que du côté nord, et nous observons ainsi que le rocher n'est pas équilibré sur le dessus, mais s'incline toujours vers le bas vers le côté sud ; il est ainsi connu pour apporter une aide précieuse à l'alpiniste qui s'est égaré dans le brouillard ou dans l'obscurité sans boussole sur un glacier, car il peut, en observant la position d'une table glaciaire, s'informer facilement de la direction. dans lequel il marche. Les petites pierres ont un effet différent, car elles s'enfoncent dans la glace, laissant de petits trous. Vous remarquerez également probablement une ligne de monticules recouverts de sable, d'environ quatre ou cinq pieds de haut, et culminant par une pointe ou une crête acérée. Grattez un peu de sable et de terre, et vous constaterez que le monticule est composé de glace, qui paraît bien noire là où vous l'avez découvert. La raison de l'existence de ces cônes de terre est évidente ; le sable a protégé la glace, qui est ainsi restée non fondue , et, s'entassant abondamment au centre et s'amincissant vers les côtés, a ainsi pris sa forme acérée.

En poursuivant notre marche sur le glacier, nous entendons, de plus en plus fort à mesure que nous nous approchons, le rugissement de l'eau qui tombe, et bientôt nous atteignons un point où un ruisseau brillant et dansant saute dans un puits dans la glace et se perd de vue. Faites attention à la façon dont vous approchez de ce trou profond (ou, comme on l'appelle, *moulin*), car un faux pas de votre part vous entraînerait bien au-delà de toute aide humaine. Diverses personnes ont essayé de mesurer l'épaisseur d'un glacier en un point donné en sondant un moulin , et Agassiz n'a trouvé aucun fond à 260 mètres en un sur le glacier d'Unteraar ; il a estimé l'épaisseur de la glace à 1 509 pieds près de l' Abschwung . Sur le Piz Roseg , où les glaciers suspendus se terminent par des falaises de glace abruptes, une épaisseur de 250 pieds a été observée. Vous êtes maintenant au pied de la cascade inférieure du glacier Morteratsch . Nous n'irons pas plus loin aujourd'hui, et nous avons déjà appris comment se forment les masses de glace chancelantes et les sinistres crevasses. Nous savons que le glacier sur lequel nous nous trouvons descend lentement (par son poids et par son glissement dans son lit, particulièrement facilité par sa structure granuleuse) à peu près à la même vitesse que l' *aiguille des heures* d'une montre ordinaire. On a estimé — je crois par M. Tuckett — qu'un grain de neige mettrait 450 ans à parcourir le sommet de la Jungfrau jusqu'à l'extrémité du glacier d'Aletsch . Une illustration des plus douloureuses de la rapidité du mouvement des glaciers a été fournie par la descente dans la glace du glacier des Bossons des corps des trois guides du Dr Hamel, qui ont perdu la vie sur le Mont Blanc en 1820, emportés par l' *Ancien Passage.* dans une avalanche et emporté dans la *rimaye* à sa base. Le 15 août 1861, Ambroise Simond , un guide de Chamonix, qui accompagnait un groupe de touristes à l'extrémité inférieure du glacier des Bossons , remarqua dans une des crevasses des morceaux de vêtements déchirés et des ossements humains. Il épousseta le sable dont ils étaient recouverts et les amena à Chamonix. Cinq hommes se précipitèrent aussitôt en entendant ce qu'il avait trouvé, et ils découvrirent d'autres restes à une distance d'environ douze ou quinze mètres plus bas. À partir de ce jour, le glacier a continué à restituer les restes de ce qu'il avait englouti quarante et un ans auparavant, et ce qui a été retrouvé sont sans aucun doute les corps et les effets personnels des guides du Dr Hamel. Tout ce qu'ils avaient emporté avec eux, instruments scientifiques, sacs à dos, gants, etc., fut peu à peu libéré de leurs entraves glacées. Un voile de gaze en ressortait intact et peu décoloré ; et le sac à dos de Pierre Carrier contenait un gigot de mouton parfaitement reconnaissable . Plus remarquable que toute autre chose était l'état d'un bouchon, qui non seulement était encore taché par le vin, mais possédait en outre une odeur perceptible du contenu de la bouteille dans laquelle il avait été fixé. (« Le Mont Blanc », de Charles Durier .)

Mais il est temps de descendre, et dans le prochain chapitre je ferai quelques observations sur *les moraines* et sur la puissance d'un glacier à raboter ou à enlever tout objet qu'il rencontre ; ce pouvoir étant, en fait, beaucoup plus limité qu'on ne le croit généralement.

CHAPITRE IX.
SUR LES MORAINES.

Or, pour bien comprendre la formation des moraines, je dois d'abord en dire un peu plus sur le mouvement des glaciers et des *débris* qu'ils entraînent.

J'ai parfois entendu des gens irréfléchis remarquer que les chutes de neige de chaque hiver devaient tendre à augmenter la hauteur des pics de neige. Cette observation montre que ces gens négligent complètement les quatre grands facteurs du maintien d'une hauteur uniforme sur les sommets des montagnes, à savoir la fonte, l'évaporation (qui, dans l'air sec des hauteurs, est un facteur très puissant pour faire disparaître la neige).), les glaciers et les avalanches. C'est à ces deux derniers qu'il faut chercher la construction des moraines, travail dans lequel elles sont très largement aidées par deux autres facteurs, le gel et la pluie. Le glacier, qui naissait dans sa pureté naissante d'un pic blanc et intact, perd, avant de nombreuses années , son caractère impeccable. Les gelées hivernales, rassemblant en liens de fer les ruisseaux qui dévalent les flancs des montagnes, dilatent les eaux en les gelant et brisent les rochers avec une force à laquelle les falaises les plus solides ne peuvent résister. Des fragments brisés et altérés sont emportés des pentes à chaque chute de pluie et tombant sur le sein autrefois intact du glacier, gonflent le fardeau qui lui est progressivement imposé au fil des années. Printemps après printemps, des avalanches furieuses se précipitent, chargées de terre et de pierres, qu'elles jettent imprudemment sur les bords désormais souillés du ruisseau glacé. Les vents et les tempêtes apportent également leur part de poussière et de sable, et tandis que le glacier continue de couler, rétréci et chargé de tas de terre et de roches, il se repose enfin, une masse de glace sale et de pierres. , dans la vallée vers laquelle il ne cesse de progresser.

Le glacier des Alpes qui descend le plus loin dans les régions inférieures est le glacier de Grindelwald , qui est descendu jusqu'à 1080 mètres d'altitude en 1870, tandis que celui qui présente la plus grande surface est le glacier de l'Aar et le plus long est le glacier d'Aletsch . Heim donne une estimation, dans ses précieux travaux sur les glaciers, du nombre des glaciers existant en Europe, en les divisant en ceux du premier et du second ordre.

La liste est la suivante : -

	1ère Commande.	2ème commande.	Total.
Suisse	138	333	471

L'Autriche	71	391	462
France	25	119	144
Italie	15	63	78
	—	—	—
	249	906	1 155

Les glaciers ont des périodes régulières pendant lesquelles ils avancent ou reculent. Beaucoup de personnes qui ont visité la Mer de Glace il y a une vingtaine d'années se souviennent qu'elle descendait alors presque jusqu'au niveau de la vallée de Chamonix, tandis que le glacier du Rhône atteignait presque l' endroit où se trouve aujourd'hui l'hôtel inférieur. Autrefois aussi, les deux bras du glacier de Fee se rejoignaient sous l' alpage du Gletscher , de sorte que les vaches devaient traverser la glace pour atteindre leurs pâturages d'été. Une période d'avancée est toujours précédée, pendant quelques années, d'un gonflement notable des parties supérieures des glaciers ; bien sûr, c'est tout à fait ce à quoi on pourrait s'attendre. Une succession d'étés froids et pluvieux et d'hivers exceptionnellement enneigés finit par provoquer une augmentation des glaciers, et l'inverse produit naturellement l'effet inverse.

Vous savez qu'une moraine est un mélange de terre et de pierres qui est charrié par un glacier, et vous savez comment tous ces *débris* se sont accumulés sur la glace, principalement grâce au pouvoir fracassant du gel sur les rochers. Remarquons maintenant la position que prennent les moraines sur un glacier comme, par exemple, le Morteratsch . Comme je l'ai dit, des personnes peu habituées au monde montagnard, et donc incapables d'évaluer les tailles relatives des objets vus à distance, sont connues pour se demander, lors de l'ascension du Piz Languard , si la traînée sombre au centre du glacier de Morteratsch est un chemin. Ils sont étonnés d'apprendre qu'il mesure environ cinquante pieds de large ou plus, et peut-être vingt pieds de haut au centre . Il ne s'agit en fait ni plus ni moins d'une moraine, et appartient à cette classe connue sous le nom de moraines médiales. Chaque glacier a une moraine de chaque côté, et lorsque deux glaciers s'unissent, leurs moraines latérales se rejoignent et forment une moraine médiale. La moraine à l'extrémité d'un glacier (moraine terminale) est presque entièrement formée de terre et de pierres qui tombent de l'extrémité d'un glacier et non, comme on le supposait autrefois, par une quelconque poussée ou excavation de la base du glacier. .

En fait, le pouvoir érosif d'un glacier est infinitésimal comparé à celui de l'eau. Le Dr Heim cite divers exemples pour montrer qu'un glacier laisse intact une grande partie de ce qu'il trouve sur son passage, et il dit que le glacier du Forno , qui, il y a quelques années, s'est considérablement retiré et a laissé derrière lui des blocs recouverts de *débris* , a de nouveau rapidement avancé. en 1884 sur les anciennes accumulations à sa base, mais ne les perturba en aucune façon. Beaucoup de nos lecteurs auront remarqué les nombreuses roches usées par les glaciers de la vallée de l'Engadine ; ils sont particulièrement abondants près de Maloja .

Or, on verra, en les examinant de plus près, que ces roches ont été doucement polies par la glace qui glisse constamment sur elles, et qu'elles n'ont pas ces creux profonds et lisses qui sont formés par l'eau précipitée et tourbillonnante.

Les grands glaciers qui, à l'époque glaciaire, coulaient du Mont Blanc jusqu'au Jura ont laissé de nombreuses preuves de leur origine dans les énormes blocs de granit transportés par la glace et qui s'échouent aujourd'hui sur les flancs des collines à distance. de soixante milles et plus des roches dont ils ont été extraits. La taille de certains de ces blocs erratiques est très remarquable. Le plus gros rocher des Alpes se trouve dans le Val Masino (une des vallées italiennes proches de la région de la Bernina). Ses dimensions, selon feu M. Ball, sont : longueur, 250 pieds ; largeur, 120 pieds ; hauteur, 140 pieds ; en fait, comme le remarque M. Douglas Freshfield , « aussi haut qu'un clocher d'église moyen et assez grand pour remplir de nombreuses places de Londres ». Beaucoup de mes lecteurs se souviennent du grand rocher serpentin devant la petite auberge de Maltmark , qui a sans doute été détruit par le glacier qui devait avoir rempli à l'origine le bassin du lac. Les anciennes moraines près d'Aoste sont également des témoignages remarquables de l'époque glaciaire.

Un mot ici sur la forme d'une moraine. Il s'élève, comme vous le savez, jusqu'à une crête au centre et descend comme le toit d'une maison sur les côtés. En effet, l'entassement de la terre et des pierres au milieu a empêché la glace de fondre aussi rapidement que vers les côtés ; en fait, la même cause provoque la forme des moraines que celle des cônes de sable.

Je terminerai ce chapitre par une brève explication d'une apparition que beaucoup de mes lecteurs ayant visité Montanvert ont pu remarquer, surtout les jours nuageux et maussades et après le coucher du soleil. Je fais référence aux *bandes de terre* , particulièrement visibles sur la Mer de Glace. Je les ai observés dans des circonstances particulièrement favorables depuis le sommet des Grandes Jorasses , lorsqu'un ciel nuageux les montrait le plus distinctement. Cependant, on les voit souvent depuis l' hôtel Montanvert et prennent la forme de bandes sombres à travers le glacier, le côté convexe de la courbe de chacune étant dans la direction du mouvement de la glace. Ces bandes de terre ont une origine très simple, qui est la suivante : — Au pied d'une cascade de glace, les blocs chancelants se réunissent et se figent, présentant une surface assez lisse avec de douces ondulations. Les courants glaciaires entraînent la poussière et les petits *débris* dans les dépressions qui se forment progressivement à travers le glacier. Cette poussière finit par geler dans la glace et, plus bas, présente l'apparence des fameuses bandes de terre.

Parfois, une photographie donnera des bandes de saleté très distinctes ; ils sont très clairement visibles dans une vue de la Mer de Glace depuis les Aiguilles Rouges, prise par feu MWF Donkin.

CHAPITRE X.
DES AVALANCHES.

Ceux qui visitèrent la Suisse au cours de l'été 1888 eurent des occasions très inhabituelles d'étudier à la fois l'apparence et les effets des avalanches. Il est en effet rare de voir une énorme masse de neige hivernale se déposer dans le Rosegthal au milieu de l'été, et les restes de nombreuses autres avalanches n'avaient pas encore fondu cette année-là dans de nombreuses vallées alpines élevées. Je me demande si les foules qui, par curiosité, visitaient les *débris de neige* , savaient quelque chose des diverses causes qui ont formé l'avalanche et l'ont lancée sur le flanc de la colline, ou si elles pouvaient dire à quelle classe d'avalanche elle appartenait, et à à quelle période de l'année il est probable qu'il soit tombé.

Les avalanches varient énormément dans leurs caractéristiques et peuvent être classées sous trois rubriques selon leurs particularités. Les différents types d'avalanches sont les suivants : — *Staublawinen* , ou avalanches de poussière ; *Grundlawinen* , ou avalanches compactes ; *Eislawinen* , ou avalanches de glace. Les avalanches de poussière sont les plus redoutables, car tandis que les autres tombent selon certaines règles bien connues et à des moments particuliers de l'année, les avalanches de poussière sont erratiques dans leurs mouvements, incertaines dans les périodes auxquelles elles tombent, et le plus terrible dans leurs résultats. Les avalanches de poussière sont constituées de neige froide, sèche et poudreuse qui, tombant sur une pente de glace ou de neige dure, ou même sur une pente raide d'herbe, glisse à la moindre provocation.

Souvent, si un peu de neige en surplomb tombe sur la partie supérieure du flanc de la colline, ou si un animal dérange la masse nouvellement tombée, ou encore si un coup de vent la détache brusquement de la surface sur laquelle elle repose, toute l'accumulation commence à descendre, doucement et silencieusement d'abord, puis avec une puissance toujours croissante et un rugissement assourdissant, déracinant des arbres, emportant châlets et tout ce qui se trouve sur son cours, et sautant comme un énorme jet d'eau couvert d'embruns. précipice en précipice, jusqu'à ce qu'il fasse un dernier bond à travers la vallée, l'impulsion de son cours l'entraînant souvent sur une certaine distance sur le versant opposé. Le vent qui accompagne une telle avalanche est bien plus puissant qu'un ouragan déchaîné, et il nivelle souvent les arbres et les bâtiments, force les fenêtres et les portes et transporte des objets lourds à une distance incroyable. L'une des manifestations les plus remarquables que je connaisse en matière d'avalanches de poussière a eu lieu en Engadine , lorsque le vent précédant une énorme masse de neige, dévalant le flanc de la colline, a fait tomber cinq poteaux télégraphiques, bien que la neige elle-même ne l'ait pas fait. approchez-vous à moins de 500 pieds d'eux.

Les « lecteurs assidus » du *St. Moritz Post* se rappelleront que dans un récit des avalanches de l'hiver 1887-88 paru dans le premier numéro du numéro d'été, il était écrit qu'à l'occasion de la chute de deux De grandes avalanches ont frappé Saas-Grund , la plupart des fenêtres et des portes du village ont été forcées par la pression de l'air. En traitant du sujet des avalanches de poussière et des effets du vent puissant qui les accompagne, je peux mentionner que Tschudi raconte dans son « Monde des Alpes » que de telles avalanches balayeront les châlets et les arbres du sol et les emporteront en tourbillonnant comme pailles dans une tempête, dans les airs, les laissant tomber à une distance de 400 pieds. Des chalets remplis de foin et tout à fait indemnes ont été trouvés, dit-on, à environ deux cents mètres et plus de la fin des *débris* d'une avalanche, que le vent précédent avait poussés à travers la vallée.

En 1689, une énorme avalanche, qui dans les annales des Grisons est considérée comme la plus effrayante jamais enregistrée dans le canton, descendit des hauteurs au-dessus du village de Saas , dans le Prättigau , et démolit 150 maisons. Parmi les *débris* balayés par l'avalanche sur une distance considérable, une équipe de secours a découvert un bébé couché sain et sauf dans son berceau, tandis que six œufs ont été retrouvés indemnes dans un panier à proximité.

Un autre type d'avalanche qui peut être grossièrement classé sous la rubrique ci-dessus est formé par la descente soudaine d'une masse de neige en surplomb. Le moindre mouvement de l'air suffit souvent à briser la corniche, et celle-ci dévale aussitôt la pente. De telles avalanches ne sont généralement pas très à craindre, bien qu'une exception notable à ce fait ait été fournie au col du Bernhardino , lorsque la masse de neige qui tombait, rattrapant le poste sur son passage, emporta treize personnes et un certain nombre de traîneaux sur le précipice. la gorge en dessous.

Les avalanches de poussière sont très fréquentes en été après la neige fraîche des alpinistes sur les plus hauts sommets des Alpes. C'est une avalanche de ce genre qui a provoqué l'accident du Cervin en 1887, et le récit que M. A. Lorria a donné de l'événement est si réaliste et transmet si exactement à l'esprit quelle est la nature d'une telle avalanche, que je extrait ce qui suit du *St. Moritz Post* du 28 janvier 1888, pour le bénéfice de mes lecteurs : —

« Doucement, une avalanche de neige tomba sur nous ; il emporta Lammer malgré ses efforts, et il me projeta la tête contre un rocher. Lammer était aveuglé par la neige poudreuse et pensait que sa dernière heure était venue. Le tonnerre de l'avalanche rugissante était effrayant ; nous avons été projetés sur des rochers mis à nu dans la trajectoire de l'avalanche et avons sauté par-dessus deux immenses *rimayes* . A chaque changement de pente, nous volions dans les airs, puis nous étions replongés dans la neige et nous heurtions souvent les uns contre les autres. Pendant longtemps, Lammer eut l'impression que tout était fini, d'innombrables pensées se bousculaient dans son cerveau, jusqu'à ce que finalement l'avalanche ait épuisé sa force et que nous nous retrouvions allongés sur le glacier de Tiefenmatten . La hauteur de notre chute a été estimée par l'ingénieur Imfeldt entre 550 et 800 pieds.

En hiver, lorsqu'une chute de neige se produit sur les flancs abrupts des montagnes, on peut voir des dizaines d'avalanches de ce type tomber comme des fils brillants le long des falaises. La face de l' Eiger vue depuis Grindelwald au début du printemps est souvent bordée de minuscules cascades de neige, tandis que les rochers du Wetterhorn |4| déclenchent des avalanches presque sans arrêt le premier matin ensoleillé de mars après une chute de neige.

Les énormes avalanches que, après un hiver rigoureux, les visiteurs d'été en Suisse voient gisant dans les hautes vallées alpines, couvertes de poussière et de pierres, et avec de grands troncs et branches d'arbres gelés, appartiennent à la classe des avalanches connues sous le nom de *Grundlawinen* , ou avalanches compactes. Ils tombent généralement d'année en année dans la même direction et descendent, selon la chaleur ou la rigueur de la saison, en février et mars. Une année, j'en ai vu un très gros tomber dans la Züge , près de Davos- Platz , pas plus tard que le 3 mai.

Pour qu'une très grande avalanche compacte se forme, il faut quelque chose de plus que la pente raide qui est le lieu de naissance des avalanches de poussière. La formation de flanc de colline la plus dangereuse, en ce qui concerne les avalanches compactes, est la suivante. Premièrement, il doit y avoir, en haut de la montagne, un bassin collecteur ou une vallée, légèrement en pente vers le bas, dans lequel une grande quantité de neige peut s'accumuler. Deuxièmement, à partir de ce bassin doit se trouver une pente sans arbres, pas trop raide, sur laquelle la neige reposera à moins qu'elle ne soit poussée par une perturbation considérable venant d'en haut. Certaines saisons, où il tombe peu de neige, aucune avalanche ne se produira dans les conditions décrites. Dans d'autres, lorsque tempête après tempête a accumulé des tonnes de neige dans la vallée des hautes terres, le vent chaud et sec *du föhn* fera en sorte que la masse se détache de la terre sur laquelle elle repose, et tout à coup tout le stock d'hiver se précipitera vers le sol. vallée, formant une avalanche comme celle que les visiteurs de l' Engadine ont vue à l'été 1888 dans le Rosegthal et le Beversthal .

Ces avalanches compactes sont composées, au moment où elles arrivent en fin de parcours, de pierres, de terre, de racines et de branches d'arbres, le tout gelé ensemble par la neige épaisse et humide dans laquelle elles sont enfermées. On raconte l'histoire d'un homme qui fut rattrapé sur le Splügen par une telle avalanche, et bien qu'il ait échappé à la mort, une partie de son manteau était si fermement gelée dans la masse glacée qu'il ne pouvait pas l'enlever. Il est très remarquable qu'une personne ensevelie à une grande profondeur dans une avalanche de ce genre puisse entendre distinctement chaque mot que peuvent prononcer ceux qui cherchent à le retrouver, bien qu'il leur soit impossible d'entendre ses cris.

La neige d'une avalanche a le même pouvoir que la glace d'un glacier pour préserver toute matière animale qui pourrait y être incrustée. Un jour, dans une avalanche du Tyrol, les corps d'un chamois et de son petit ont été retrouvés en état de se nourrir, lors de sa fonte deux ans après sa descente, sa taille énorme ayant empêché sa disparition le premier été.

Ces énormes *Grundlawinen* descendent, comme je l'ai déjà dit, sur la même piste saison après saison ; il est donc raisonnable de supposer que les habitants des régions particulièrement exposées à de telles avalanches tenteraient de contrôler leurs envahisseurs neigeux par tous les moyens en leur pouvoir ; et, en vérité, c'est exactement ce qui se fait dans une certaine mesure, bien que les précautions les plus évidentes aient prévalu dans le pays jusqu'à ces dernières années. Même aujourd'hui, on est souvent étonné de l'ampleur des dégâts inutiles que les Suisses laissent tranquillement une avalanche se produire année après année, jusqu'à ce qu'ils se rendent soudainement compte qu'un ou deux murs traversant le *couloir* (ou la piste d'avalanche) peuvent détruire tout le monde. différence entre pouvoir ou non cultiver une certaine prairie ensoleillée dans la vallée, qui a été jusqu'ici abondamment jonchée de pierres et d'autres *débris* régulièrement chaque printemps.

Il est bien connu que la meilleure protection contre les avalanches est de loin une pente fortement boisée et les autorités suisses, pleinement conscientes de ce fait, ont fait procéder ces dernières années à de très nombreux reboisements et sont très strictes. dans leurs règles régissant l'abattage des arbres. Grâce à de grands efforts et à un grand soin apporté aux forêts, la Suisse a pu être en grande partie libérée des destructions causées par les avalanches.

Dans de nombreux endroits, les voyageurs remarqueront des pare-avalanches, sous la forme de murs triangulaires en pierre, érigés pour protéger des villages entiers, des maisons individuelles ou des églises. Il existe un pare-avalanche de ce genre à Frauenkirch , près de Davos- Platz , où le mur nord de l'église est construit de telle sorte que, si une avalanche s'abattait sur lui, la surface exposée à toute sa fureur, étant en forme de pointe, tende à pour diviser et détourner la neige dès que la pointe entre en contact avec l'avalanche. Des disjoncteurs similaires peuvent être vus attachés à plusieurs maisons dans le même quartier et dans d'autres . Les clôtures ou les murs en pierre traversant les pentes abruptes, ou les piquets enfoncés de temps à autre dans le sol, constituent également un obstacle très efficace à la descente des avalanches. Les visiteurs de Saint-Moritz ont sans doute remarqué des aménagements de ce genre sur le versant descendant de l'Alp Laret à la Cresta. Chemin Fuss ; ils sont bien vus par quiconque se trouve sur la grande route près du Bär Inn (célèbre pour les portraits caricaturaux pittoresques à l'extérieur de feu Lord Beaconsfield et de M. Gladstone).

Il est merveilleux de constater avec quelle faiblesse un obstacle retient la plus grande avalanche avant que la neige ne soit mise en mouvement, et pourtant, une fois la grande masse lancée dans sa carrière destructrice, elle balaie tout devant elle.

La structure en boule d'une avalanche compacte, que ceux qui la visitent quelques semaines après sa chute auront remarquée, est causée par la neige humide qui s'est roulée encore et encore jusqu'à ce que la forme circulaire de ses particules en résulte. Je me souviens d'une énorme avalanche de ce genre qui tomba près du Bouveret (Vaud) à la fin du mois de mars 1886. Elle venait du Gramont , dévalait la montagne à environ 4000 pieds, traversait la voie ferrée et la route et terminait sa course en le lac. Heureusement, il est descendu la nuit - ce qui semble étrange, jusqu'à ce que l'on se souvienne que la pente d'où il descendait était orientée vers le nord - donc aucun accident ne s'est produit, et l'après-midi suivant, tous les Montreux se sont rassemblés en masse à travers le lac pour s'émerveiller devant les hautes parois de la tranchée qui on avait fait pour laisser passer les trains et se jeter les boules de neige qui roulaient ça et là parmi les violettes et les primevères du printemps.

Les Grundlawinen atteignent souvent une masse de 100 000 mètres cubes (Heim, « *Gletscherkunde* »). La grande avalanche « *Raschitsch* » *près* de Zernez (Basse- Engadine), tombée le 23 avril 1876 à travers la route principale menant à la rivière, mesurait 168 mètres de large, 12 mètres d'épaisseur et 300 mètres de long, et 600 000 mètres cubes de volume. et le tunnel creusé pour permettre la circulation était long de 75 mètres . Cette avalanche dépassait de beaucoup en dimensions celle qui tomba en février 1888 près de Glaris-Davos, dont le tunnel à neige mesurait plus de trois cents pieds de longueur et plus de douze pieds de hauteur. Cette avalanche est observée dans toute la Suisse et est connue sous le nom de « *Schwabentobellawine* ». Il ne tombe que lors des saisons très enneigées, mais lorsqu'il tombe, il est de taille énorme.

En 1888, elle emporta un cantonnier dont le corps ne fut découvert que trois mois plus tard ; il a été trouvé sur la rive droite du Landwasser , ayant manifestement été soufflé à travers la rivière par le vent précédant l'avalanche.

Les avalanches ont parfois provoqué des inondations désastreuses en tombant dans le lit des rivières et en retenant l'eau. Le 29 janvier 1827, Süs fut victime d'un événement similaire, l'auberge étant complètement bloquée pendant plusieurs heures pendant la nuit et l'eau inondant le village en conséquence. Il serait fastidieux de donner plus que ces quelques exemples des effets du *Grundlawinen* , nous passerons donc au sujet des avalanches de glace. Ce doit être un spectacle assez familier à la plupart des personnes qui ont voyagé en Suisse, à en juger par la foule qui, jour après jour tout au long de l'été, s'assoit devant les petites auberges de l' Alp de Wengern ou de la Kleine. Scheideck , partageant leur attention entre leurs déjeuners et les chutes de glace tonitruantes des glaciers de la Jungfrau.

Les avalanches de glace sont très différentes des deux autres types, dans la mesure où elles tombent toujours des glaciers.

Comme mes lecteurs le savent sans doute, un glacier descend de jour en jour, parfois d'un pouce ou deux, parfois jusqu'à deux pieds. Eh bien, de nombreux glaciers, après avoir quitté les couches de neige qui les nourrissent, se retrouvent tout à coup au sommet d'un précipice. Dans ces circonstances, comme ils ne peuvent pas rester immobiles, ils n'ont qu'une chose à faire, c'est de passer ; et comme la glace, bien que plastique, ne l'est en aucun cas dans la mesure où la mélasse, à laquelle la glace des glaciers a si souvent été comparée, l'est, il est évident qu'une tranche se détachera de la langue qui avance du glacier et retombera en trombe. les roches, pour former un matériau pour un autre glacier en contrebas, ou, si la quantité est insuffisante, pour fondre progressivement. Or, cette forme d'avalanche de glace est connue sous des formes infinies par l'alpiniste, mais peut-être la chose la plus fréquente de ce genre qu'il rencontre est la chute de *séracs* (ou pinacles de glace) lors de son passage à travers une glace. automne.

Ceux qui ont visité la partie supérieure du glacier de Morteratsch se souviendront des chutes de glace telles que celles dont j'ai parlé ; l'un, celui du glacier Pers , l'autre, celui qu'on appelle le Labyrinthe, descendant du Piz Bernina ; et on voit souvent de fines avalanches de glace tomber de la calotte glaciaire du Piz Morteratsch . Les *séracs* traversés lors du passage du Col du Géant depuis Chamonix ou Courmayeur sont également susceptibles de basculer à des moments inopportuns, et bien d'autres glaciers se distinguent par ces caractéristiques particulières.

Le meilleur endroit en Suisse pour observer les avalanches de glace est peut-être l' Alpes de Wengern , d'où l'on peut voir quotidiennement les glaciers qui s'accrochent à la Jungfrau déverser des tonnes de glace sur les pentes marquées, un nuage blanc suspendu pendant plusieurs minutes au-dessus de l'endroit. où un grand morceau de glace a été réduit en poudre par sa chute.

Même le Mont Blanc, proverbialement sûr, parvient parfois à permettre à un ou deux des piliers de glace qui bordent le Dôme du Gôuter de se déséquilibrer et de se précipiter à travers le Petit Plateau en contrebas, sur la piste même par laquelle les groupes font l'ascension. Il est étrange que ce bombardement n'ait jusqu'ici jamais provoqué d'accident sur le Mont Blanc, mais si l'on pense aux centaines de pierres qui sont lancées chaque année sur le Cervin, quel que soit le nombre de personnes sur la tête desquelles elles peuvent tomber, et que là, d'ailleurs, aucun accident mortel n'en est résulté, on est sûr qu'une providence particulière veille sur la classe inexpérimentée des *intrépides* qui se pressent sur le Mont Blanc et se précipitent en masse sur le Cervin . [5]

Les avalanches de glace ont parfois causé d'immenses dégâts lorsque de grandes chutes ont eu lieu dans des vallées habitées, comme, par exemple, lorsqu'une partie du glacier de Bies s'est effondrée et que le vent qui l'a précédé a renversé Randa . Cette circonstance est si bien connue, et si souvent évoquée dans les guides , que je n'entrerai pas ici dans les détails. Des détails complets peuvent être trouvés dans l'ouvrage du Dr Forbes, « A Physician's Holiday ».

NOTES DE BAS DE PAGE :

[4] En octobre 1891, j'ai eu la chance d'obtenir une photographie d'une avalanche en train de tomber du Wetterhorn. Cela peut maintenant être vu chez MM. Spooner, 379 Strand.

[5] Depuis la rédaction de ce qui précède, un accident ayant entraîné la mort d'un voyageur et d'un guide a eu lieu sur le Petit Plateau.

CHAPITRE XI.
LA BERNINA-SCHARTE.

Le lecteur général trouvera peut-être la description suivante un peu sèche ; le grimpeur peut partager son avis. Après avoir bien prévenu tous deux et promis de rendre mon récit aussi bref que possible, je vais maintenant m'y lancer.

Le Piz Bernina est la plus haute montagne des Grisons, un canton dans lequel l'escalade est plutôt négligée. Il est dommage que davantage de membres du CA ne s'y rendent pas, surtout maintenant que plusieurs bons guides sont disponibles ; mais je m'éloigne déjà du sujet, alors *revenons au Piz Bernina* . Ce sommet est fréquemment gravi par la route ordinaire, mais rarement jusqu'à l'été dernier par aucune des autres lignes d'attaque. Mais le moment est venu où l'itinéraire par la « Scharte » est le plus populaire.

La première ascension du Piz Bernina par le « Scharte » a été réalisée en 1879 par le Dr Güssfeldt , qui considérait l'ascension si difficile qu'il laissa une bouteille dans la brèche, avec une inscription à l'intérieur indiquant qu'il défiait quiconque de l'apporter. vers le bas. Mais le 6 août 1883, le Dr Schultz, accompagné d'Alexander Burgener et de C. Perren , réitéra l'expédition et rapporta avec eux la bouteille du Dr Güssfeldt . Commentant cela, l' *Alpine Journal* écrit : « Nous avons le regret de dire que cette expédition des plus dangereuses a été effectuée une quatrième fois en août 1884 (par Herren Zsigmondy et Purtscheller sans guides, qui ont dormi deux nuits en chemin), et qu'il y a quelques On parle de construire un refuge pour faciliter l'ascension, même si nous sommes convaincus que ce projet ne sera jamais réalisé. De cette réputation, la route par la « Scharte » est progressivement tombée — ou s'est élevée, comme je préfère l'appeler — jusqu'à ce qu'elle est aujourd'hui. En 1889, MWE Davidson écrivait : « La Scharte est facile, l' *arête* une belle montée » ; et maintenant nous constatons que l'excursion a été entreprise douze fois seul sous la direction de Martin Schocher . La route ayant désormais perdu ses terreurs, le récit d'une ascension peut intéresser la partie de nos campagnards qui se propose de suivre nos traces. J'avais souvent pensé à faire l'expédition, mais je n'avais pris aucune mesure précise pour l'accomplir, jusqu'au jour où j'appris qu'un groupe venait de revenir de la descente du Piz Bernina par cette route. « Maintenant, pensai-je, voici mon opportunité. Les marches sont faites, la montagne est connue pour être en bon état, pourquoi ne pas commencer tout de suite ? Mais les éléments étaient contre moi. A peine atteignîmes-nous l' alpe Misaun qu'un terrible orage éclata sur nous, et il nous fut impossible d'avancer plus loin. Nous ne pouvions pas non plus renouveler notre tentative, car il tombait de fortes chutes de neige et l'escalade était terminée pour cette saison. Mais l'année suivante, je revins à l'attaque, et même si le temps faillit me mettre à nouveau en échec, nous parvînmes à mener à bien nos plans avec succès.

A cette occasion, nous devions dormir sous un rocher environ une heure et demie plus loin que le restaurant Roseg . Nous sommes partis par un temps parfait, mais vers le soir les nuages se sont levés, et à mesure que le ciel s'est obscurci de plus en plus, notre moral s'est effondré jusqu'à minuit, lorsque les guides ont rallumé le feu, un sinistre goutte-à-goutte-goutte-à-goutte. sur les planches que nous avions appuyées contre le rocher pour nous protéger du vent, nous faisait ressentir un sentiment semblable au désespoir. Weibel s'est laissé aller à quelques expressions énergiques envers les éléments, tandis que Schocher et moi préparions le thé et discutions sombrement de la situation. Bien sûr, le Bernina au bord de la Scharte par mauvais temps était hors de question pour des gens prudents comme nous ; nous ne souhaitions cependant pas revenir d'où nous venions. Nous étions presque résolus, « au pire », à nous dégourdir les jambes en traversant le Piz Morteratsch jusqu'au refuge Boval , lorsqu'une idée géniale me vint. « Schocher , dis-je, montons au Piz Prievlusa ! Or, je dois préciser ici que le chemin pour atteindre ce sommet (qui jusqu'à présent n'a été gravi qu'une seule fois) est le même sur une distance considérable que celui du Selle de Prievlusa , et jusqu'au Selle de Prievlusa nous avons dû aller pour le Mont de la Bernina. Scharte . Schocher a sauté sur ma suggestion, et à peine notre plan était-il décidé que la pluie a jugé bon de s'arrêter. Le ciel, cependant, était toujours obscurci par les nuages, même si de temps en temps une étoile brillait d'un trou déchiqueté dans les brumes.

Nous avons récupéré nos bagages, mis les tapis et la casserole en tas pour que le porteur les récupère plus tard dans la journée, et à 1h15 du matin nous sommes partis. Je dois dire que mes espoirs de remonter la Bernina étaient au plus bas, le seul sentiment que j'associe à cette occasion étant celui d'un entêtement somnolent - en fait, une sensation de marcher comme dans un rêve, je ne savais où.

Alors que nous approchions de la montagne et que l'aube se levait rapidement, des bannières nuageuses dérivaient sauvagement de la crête acérée et déchiquetée. Weibel les montrait en s'écriant que nous ne pourrions jamais longer la crête par un tel vent ; mais Schocher , après avoir examiné avec soin les nuages volants, les déclara sans importance, car ils soufflaient vers le bas et non à travers la crête. J'ai été très frappé de l'habileté dont il a fait preuve pour parvenir à cette conclusion, qui s'est avérée par la suite parfaitement exacte.

Au lever du jour, nous avions une grande étendue de bleu au-dessus de nos têtes, et bien que des nuages duveteux s'accrochaient à la plupart des sommets voisins , la Bernina restait constamment claire, à l'exception d'un lambeau occasionnel de brume s'échappant des rochers supérieurs. A 17h30 nous avons atteint le col entre Piz Prievlusa et Pizzo Bianco, connu sous le nom de Fuorcla. Prievlusa . En nous dirigeant vers le côté de Morteratsch , nous nous sommes assis sous les rayons bienvenus du soleil sur une corniche rocheuse au sommet d'un grand mur, sur la face duquel on atteint le col depuis le côté de Boval . Ici, nous avons pris le petit-déjeuner, puis avons continué notre route vers le Piz Bernina. Le premier morceau de la crête, jusqu'à ce que les rochers soient gagnés, a été le travail le plus désagréable que nous ayons rencontré pendant toute la montée. La neige ici était en mauvais état, la marche pour atteindre les rochers était étrangement raide et longue, et pour ma part, j'étais heureux de poser mon pied sur une surface plus solide et de profiter de la bonne prise disponible. L' *arête rocheuse* offre une escalade agréable, mais du point où elle s'arrête jusqu'au sommet du Pizzo Bianco, il y a une longue marche sur la neige. Chaque marche a dû être coupée, et Schocher a piraté presque sans cesse jusqu'à ce que nous atteignions le Pizzo Bianco, d'où commence la partie vraiment intéressante de l'ascension. Une heure plus tôt, nous avions vu un autre groupe gravir rapidement les pentes de neige au-dessous de la Fuorcla . Il était composé de MM. Scriven et West, accompagnés de Peter Dangl de Sulden et d'un guide local, nommé Joos Grass. Ce dernier, curieusement, je l'avais rencontré lors d'une précédente ascension de la Bernina par la voie ordinaire ; tant à cette occasion que lors de l'ascension dont je parle maintenant, il m'a impressionné favorablement . Ce groupe avait passé la nuit à l'auberge du Rosegthal , qu'ils n'avaient quitté qu'à 3 heures du matin.

Après près d'une heure d'arrêt sur le Pizzo Bianco, nous nous retrouvâmes sous pression , et, comme nous partions, les autres nous rejoignirent et s'arrêtèrent à leur tour pour prendre un repas sur le point que nous quittions. J'ai ainsi eu le plaisir de parcourir une étroite crête rocheuse avec quatre paires d'yeux critiques observant mes mouvements maladroits d'un point de vue de premier ordre. Je me serais bien accroché avec mes mains ; mon orgueil m'obligeait à marcher droit chaque fois qu'un tel mode de progression était possible. J'avais la conviction sournoise qu'il n'existait pratiquement aucun endroit où cela était non seulement possible, mais même assez facile, et que le sens du devoir était une bonne discipline pour me forcer à rechercher une meilleure « forme » que d'habitude.

La descente dans la « Scharte » (ou fente dans l' *arête*) s'est avérée assez simple, sachant que jusqu'à ce que j'atteigne le fond, Schocher chevauchait la crête au-dessus et était « *ganz fest* ». Il le suivit avec aisance et rapidité, et tournant le groupe dans l'autre sens, il commença à couper des marches autour de la grande tour rocheuse qui barre ici la crête. Le *couloir* était entièrement glacé et nous avons passé beaucoup de temps avant d'en être dégagé au pied du dernier sommet de la Bernina. En montant sans difficulté, quoique quelque peu retardés par la neige fraîche recouvrant les rochers, nous atteignîmes le sommet à 10h30, l'autre groupe nous suivant immédiatement dans notre sillage.

Le temps, qui s'était mieux comporté que nous n'avions osé l'espérer, abandonnait maintenant les sentiers de la vertu, et une brume épaisse, avec de légères chutes de neige, cachait tout à plus de quelques mètres de notre vue. Cependant, nous avions atteint notre objectif, et les nuages pouvaient désormais faire le maximum sans compromettre notre retour. Ainsi, après une demi-heure d'arrêt, nous partîmes dans un état d'esprit joyeux pour Boval . Il n'est pas nécessaire de raconter comment nous avons dévalé l' *arête* , glissé sur les champs de neige et couru à travers le Labyrinthe. Nous sommes arrivés à Boval en début d'après-midi sous une pluie battante et constante et avons étonné les gens du restaurant en tombant sur eux depuis les nuages depuis le Piz Bernina. Ainsi s'est terminée notre journée d'excursion.

CHAPITRE XII.
ÉLOGE DE L'AUTOMNE.

Je fais partie de ces personnes excentriques qui considèrent l'automne comme meilleur que l'été pour l'escalade. « Un de ceux-là », ai-je dit ? Il serait peut-être plus juste de dire que j'ai souvent été le seul représentant de la fraternité brouillonne qui hante les centres de montagne de choix à cette saison. Vous pensez que j'ai une raison à ma préférence pour cette période de l'année ? Oui; en fait, j'en ai plusieurs. Premièrement, je suis un lâche, et rencontrer un orage sur un sommet et faire faire *ziz-ziz-ziz avec ma hache*, alors que mes cheveux sont dressés sur ma tête, me terrifierait. Or, en automne, il y a rarement des orages. Ensuite, j'ai une aversion pour les touristes. En automne, il y a peu de touristes ; encore une fois, je déteste être rôti pendant treize ou quatorze heures et patauger dans la neige épaisse. En automne, les journées sont courtes, l'air est frais et la neige est généralement de premier ordre. Encore une fois, je n'aime pas dormir dans des cabanes qui, étant construites pour huit personnes, doivent abriter — c'est un peu plus — vingt-quatre peut-être. En automne, on a les cabanes pour soi.

Maintenant, n'ai-je pas présenté un dossier assez solide ? Pouvez-vous vous étonner que j'aie rôdé dans les Alpes pennines et dans l' Oberland en septembre et octobre plutôt qu'en juillet et août ?

Pour prouver qu'on peut grimper aussi bien en automne qu'en été, je vais donner un bref compte rendu de quelques excursions faites les années passées à cette saison. Ils le seront, hélas ! lecture sans intérêt , comme la plupart des choses « écrites dans un but précis ». De nombreux alpinistes sont pleinement conscients de la véracité de ce que je préconise, mais de nombreux débutants en montagne se découragent lorsqu'une forte chute de neige survient à la fin du mois d'août ou au début du mois de septembre et, repliant leurs pièges, quittent les Alpes. avec dégoût. En plus des expéditions décrites ci-dessous, j'ai gravi la Dent Blanche, le Zinal-Rothhorn , l'Ober-Gabelhorn , le Trifthorn depuis le Triftjoch , le Mont Collon , le Rimpfischhorn , l'Eiger , le Wetterhorn et d'autres sommets, et (c'est là l'essentiel de l'ensemble importe) a trouvé la plupart d'entre eux en première classe à cette saison.

Un soir de septembre, je me suis retrouvé, avec Ulrich Kaufmann et « Caucasus » Jossi , les seuls occupants de cette cabane très confortable qu'est le Schwarzegg . Depuis quelque temps, cette cabane est sous la garde de Jossi et c'est pourquoi la propreté règne en maître. Nous étions une joyeuse fête. Le ciel était sans nuages, la lune serait pleine pour notre départ, les grands et solides rochers du Schreckhorn , rouges à la lueur du coucher du soleil, pendaient au-dessus de nous de manière invitante. Nous avions dormi dehors pour la même pointe une semaine plus tôt, mais le mauvais temps nous avait poussés à descendre dans la vallée sans que nous ayons fait un pas au-delà de la cabane. Maintenant tout était changé, et nous n'avions aucun doute sur le succès de notre prochaine excursion.

À 2 heures du matin , sous un clair de lune clair comme celui du soleil, nous sommes partis. Le Schreckhorn , me semble-t-il, n'a pas reçu la juste mesure des éloges. Il a beaucoup à recommander. Il n'y a pas de moraine. Un chemin facile mène en une dizaine de minutes à la neige. Puis une ascension régulière, variée par des rochers, amène le voyageur à l'heure du petit-déjeuner à la base du glacier supérieur. C'est à quelque distance en contrebas de cet endroit, dans le *couloir de neige* , que M. Munz fut tué par une chute de glace. [6] Je ne comprenais pas du tout cet accident, car sur aucune partie de notre route il n'y avait de danger de cette source. [7] Mais les guides expliquèrent que cette saison-là, et depuis quelques années auparavant, le sommet du *couloir* avait été comblé par un petit glacier suspendu. Peter Baumann, vieillard avisé, avait toujours préconisé la destruction de ce glacier, ce qui eût été un simple travail. Mais on laissa l'affaire glisser, jusqu'à ce qu'un beau jour, toute la masse de glace se détacha et dévala la pente. La mort de Herr Munz , qui fut touché par certains des fragments tombés, en fut la conséquence.

couloirs supérieurs , par lesquels la montagne est bordée, étaient de glace, mais mes guides, avec leur jugement habituel, s'en éloignèrent le plus possible, et nous montâmes près d'une côte de rochers. Deux fois nous traversâmes le *couloir* , mais à cette heure matinale il n'y avait aucun danger, et Kaufmann faisait de grands pas, comme des fauteuils miniatures, pour que nous puissions nous en sortir très rapidement en revenant.

De la Selle, nous avons vu, un peu à notre grand dégoût, qu'il y avait une quantité considérable de neige sur l' *arête* . Cela a rendu notre progression assez lente, de sorte que ce n'est qu'à 9h15 que nous nous sommes retrouvés au sommet, un dôme de neige. La vue était exquise ; mais ce jour-là, où, par un temps tout aussi beau, je me trouvai au sommet du Lauteraarhorn , je dus avouer que la vue de ce sommet est infiniment plus belle. En premier lieu, le Schreckhorn , vu de si près et d'un sommet situé à moins de 150 pieds plus bas, est un objet grandiose, et ses nobles proportions et ses falaises nues m'ont impressionné comme peu de montagnes, voire aucune, ne l'ont fait auparavant, tandis que je Je tremblais presque à l'idée que sept jours plus tôt nous avions aventuré ses flancs escarpés, tant l'idée véhiculée de sa pente excessive est trompeuse et complète. Ensuite, le Lauteraarhorn est bien mieux placé par rapport au plus gracieux des sommets de l'Oberland , le Finsteraarhorn, la « corne sombre de la colombe ! » et de là aussi, les belles courbes du glacier de l'Aar, qui serpentent vers le Grimsel, sont vues à la perfection. Mais me voici en train de décrire la vue depuis le Lauteraarhorn , alors que je suis tout le temps sur le Schreckhorn . Un aperçu qu'ils donnent tous deux : celui du lac de Thoune, avec la flèche blanche de l'église de Spiez nichée parmi les arbres près du bord de l'eau bleue, tandis que derrière les rangées de collines pourpres, perdues au loin dans une brume chaude qui se mêle aux douces teintes du ciel sans nuages. Ces vues de l'Oberland peuvent en effet se vanter du charme toujours séduisant du contraste ; d'un côté, glace, neige, précipices de roches nues, rigueur totale et absence de végétation ; de l' autre, des lacs bleus, des villages blancs, des prairies d'un vert profond, d'abondantes traces de vie humaine et d'industrie.

Mais je deviens insupportablement ennuyeux. Laissez-moi m'éloigner des sommets des montagnes et descendre vers des régions moins romantiques. Nous sommes descendus en selle très agréablement, et de là jusqu'à la cabane plus ou moins inconfortablement, échangeant de vilaines pierres pointues et meubles contre de la neige jusqu'à la taille, avec des remarques tout sauf élogieuses sur les deux. Nous étions en sécurité dans le Schwarzegg à 14 heures et discutions d'un thé élaboré, l'idée principale des guides concernant cette boisson étant d'y mettre le moins d'ingrédient principal et autant de sucre que les fournitures le permettaient. Le thé terminé et le souper en cours de préparation, nous attendîmes notre porteur, qui avait ordre de monter notre stock de provisions pour la montée du Finsteraarhorn le lendemain. Bientôt, nous remarquâmes deux personnages traversant la glace qui, en s'approchant, se révélèrent être Herr Theophile Boss et le porteur. Le premier avait tenté le Finsteraarhorn la semaine précédente et avait été repoussé par le mauvais temps. Je lui avais donc demandé de nous rejoindre dans notre ascension.

Lors de notre repas du soir, Kaufmann nous a stupéfiés en remarquant de sa manière tranquille que nous ferions mieux de nous coucher tôt, car il nous proposait de nous appeler à 23 heures. Nous avons protesté bruyamment, mais il a seulement ajouté de son ton calme : « Ou peut-être à une heure et demie. dix." Alors, toujours en grommelant, nous nous sommes précipités vers notre paille, et moi, pour ma part, je peux répondre que je n'en savais pas beaucoup plus jusqu'à ce que Jossi commence à allumer le feu, lorsque je me suis retourné et que j'ai dormi à nouveau. Sans doute notre réticence à écourter notre repos nocturne a-t-elle rendu les préparatifs du départ plus longs que d'habitude. Quoi qu'il en soit, il était 12h40 lorsque je me suis retrouvé, de très mauvaise humeur, à essayer de rester éveillé à la porte de la cabane, pendant que les guides faisaient le dernier regard à la recherche d'objets éventuellement oubliés.

Nous nous attendions à beaucoup de coupes de marches, alors le porteur est venu avec nous afin de donner moins de poids aux guides. Comme auparavant, c'était une nuit sans nuages, au clair de lune et jusqu'à présent sans vent. Nous progressâmes rapidement jusqu'au Finsteraarjoch , atteignant le pied de cet endroit ignoble, l'Agassizjoch , alors qu'il faisait encore nuit. Ici, nous nous sommes arrêtés pour manger, et juste au moment où la lumière grise de l'aube glissait sur le ciel, nous avons commencé à monter, et à monter, et à monter, jusqu'à nous sentir comme les pauvres misérables qui grimpent sur les hautes cheminées des usines. Enfin nous arrivâmes à une côte de roche très abrupte et plantée de glace, sans parler des divers embellissements de la même substance à intervalles réguliers le long de la surface. C'était un travail déchirant. Le col était à portée de main, et pourtant nous ne semblions jamais nous en approcher. Mais après ce qui lui parut une éternité, Jossi poussa un soupir de satisfaction et, quittant les rochers, commença à traverser la neige. Bientôt, nous atteignîmes un endroit chaud et abrité, où nous proposâmes de nous arrêter pour déjeuner sous les doux rayons du soleil. Mais non; ce n'était pas le lieu habituel du déjeuner ; les gens déjeunaient toujours sur la Selle (cinq minutes plus loin), et donc nous devons déjeuner sur la Selle. Théophile osa protester, et fut aussitôt attaqué ; alors nous sommes allés à la selle. Là, notre appétit a été gêné par diverses choses. Tout d'abord, nous étions inquiétés par l'aspect de la crête, maintenant complètement visible pour la première fois, qui avait revêtu un ensemble complet et apparemment pas trop serré de glace et de neige poudreuse. Des rochers, on ne voyait presque aucune trace. Les guides mâchaient très vite, hochaient la tête, adressaient à la crête des expressions chaleureuses de désapprobation et semblaient très joyeux au sommet de tout. Le vent soufflait, nos dents claquaient, les aliments gelaient presque et nous aussi faisions semblant de passer un très bon moment. Mais les moments les plus heureux ont une fin, tout comme notre déjeuner, après quoi, le nez et les mains bleus, nous avançons péniblement face à la brume. Eh bien, ce n'était pas si grave qu'il y paraissait. Les guides n'épargnèrent aucune peine et creusèrent les rochers enfouis comme des terriers après un mulot. Les progrès étaient nécessairement lents et nous ne semblions pas faire beaucoup de chemin. Enfin, nous atteignîmes la selle Hugi et le travail devint plus facile. La neige était désormais plus ferme, nous pouvions faire de bons pas sans difficulté. Finalement, la pente s'est atténuée et, quelques minutes plus tard, nous nous trouvions près de l'homme de pierre au sommet. La vue était belle, la brume s'étant dissipée juste au moment où nous atteignions le sommet. Mais il était déjà onze heures, nous ne restâmes donc pas longtemps et commençâmes la descente après une halte d'une dizaine de minutes au sommet. La descente vers l'Agassizjoch fut longue ; il nous a fallu près de quatre heures, dont une demi-heure pour le déjeuner, pour y arriver. Il était donc presque 16 heures lorsque nous embarquâmes dans cette charmante pente. Si fastidieuse qu'ait été notre ascension, notre descente fut bien pire ; et il y a des pierres, et quand les pierres descendent, elles le font assez rapidement. Mais nous ne parlerons pas des pierres ; aucun de nous n'a eu la tête cassée. Eh bien, nous avons descendu cette belle pente animée et les rochers glacés, et nous sommes entrés dans le *couloir* , et nous l'avons descendu ; et enfin, comme c'était tard dans l'année, le crépuscule tomba. Nous commencions à penser que nous devions être quelque part à proximité des premières *rimayes* (je ne peux pas consciencieusement dire qu'elles mesuraient plus de quelques centimètres de large), quand soudain le porteur s'est exclamé : « Je ne trouve pas la piste ! Nous n'avons pas pu comprendre cela. Les pas avaient été facilement ressentis un instant auparavant. Il tâtonna un peu, mais toujours sans succès ; alors Théophile , qui était juste derrière, descendit quelques marches et tendit la main pour les tâter. Immédiatement, il le retira et dit d'une voix plutôt impressionnée : « Il y a eu une avalanche. » Jossi se détacha aussitôt par derrière, sauta vers l'avant, se mit à la place du portier et partit dans l'obscurité avec un style si splendide qu'en quinze minutes ou moins nous étions sur le plateau du Finsteraarjoch . Ici, la lanterne est entrée en service et nous nous sommes frayés un chemin avec précaution à travers la cascade de glace du glacier. Nos traces de la matinée ont été de la plus haute valeur et grâce à elles nous n'avons rencontré aucune difficulté.

Il était tard lorsque nous sommes arrivés au refuge Schwarzegg , nous avons donc décidé d'y dormir une fois de plus, et le lendemain matin, le soleil était haut dans le ciel avant que nous nous asseyions pour prendre notre café.

Voici une autre expérience automnale au cours de laquelle, en guise d' introduction agréable et réjouissante à notre journée d'escalade, nous avons été asphyxiés. « Alors, avons-nous été étouffés ? Étions-nous étouffés ? » demande le lecteur irréfléchi. Non, nous n'étions pas des « morts asphyxiés », comme dirait un Irlandais ; nous étions simplement endormis à des moments inopportuns de la journée, après avoir été endormis plus profondément que d'habitude pendant la nuit précédente.

Mais ce style fragmentaire et l'absence de toute information précise suggèrent quelque chose qui ressemble à une asphyxie actuelle ; je dois donc demander la permission de dire que, même si je date cela d'une station thermale, je ne suis pas un « patient principal », comme j'ai entendu un jour ces personnes classées qui étaient dans un sanatorium particulier pour quelque chose qui n'était pas des poumons. C'était un lieu animé, cette station thermale particulière. Si un jeune était mal élevé, on ne pouvait pas lui donner de coups de pied, car « on ne peut pas donner de coups à un invalide, vous savez » ; ou bien l'excuse était : « Pauvre garçon ! il ne le pense pas; il n'est plus son idiot, *il est patient* , vous savez. Mon impression est que cette station thermale était une excellente école de retenue chez ceux qui étaient naturellement sobres et d'égoïsme sans compromis chez ceux qui, à ma connaissance, étaient déjà habitués à s'occuper du numéro 1.

Je suis pourtant loin de notre point de départ. Laissez-moi faire un effort, traverser le Lauteraarjoch depuis Grindelwald , descendre le glacier plat au-delà et y arriver – « cela » étant la somptueuse demeure connue sous le nom de Pavillon Dollfus .

Pourquoi le bon monsieur qui a construit cette cabane l'aurait-il construite à une distance de trois milles de l'eau, c'était le problème qui nous intriguait pendant que nous nous reposions au soleil près des jeunes forêts qui poussaient de tous côtés. Heureusement que certains yeux, plus perçants que les miens, ont vu ces spécimens de bois alpin, car autrement nous aurions pu étendre nos membres fatigués dessus. Plus tard, il s'est avéré qu'une expérience forestière avait été tentée sur ces pentes et que les pauvres petites brindilles avaient été soigneusement plantées dans l'idée qu'elles pourraient pousser un jour.

À mesure que le soir approchait, nous nous retirâmes dans la cabane et allumâmes un feu ardent, destiné quelques heures plus tard à nous réduire à cet état comateux auquel j'ai fait allusion plus haut. Peut-être que la lenteur de l'esprit et du corps que nous éprouvâmes le lendemain matin était également due en partie au fait que trois des quatre membres du groupe avaient consommé chacun six bassines de soupe très épaisse et douze grosses pommes de terre. La soupe, bien sûr, ne pouvait pas être gaspillée, même si, personnellement, j'aurais préféré en vivre pendant trois jours plutôt que de devoir l'avaler en une seule fois.

Après nous être réveillés avec peine et avoir consommé la soupe mentionnée ci-dessus, nous sommes tombés hors de la cabane, nous avons pataugé tous en tas jusqu'au glacier et avons commencé à le parcourir dans un titubement rêveur, varié par un réveil brutal, car, de temps en temps, l'un ou l'autre entrait dans une crevasse, se frottait les yeux, ressortait et reprenait son chemin. Nos arrière-arrière-arrière-arrière-arrière-arrière-grand- père, etc., ont été des gens sages pour éviter les glaciers au cours de leur génération. Pensez au langage de choix que l'alpiniste moderne trouve tout prêt à sa langue après avoir marché pendant trois heures sur le glacier de l'Aar (s'il y a une montée ou une descente) et découvre ensuite qu'il n'est pas plus loin. Imaginez un instant ce qu'a dû être ce glacier lorsqu'il s'agissait de la moraine accumulée à travers le Haslithal près de Meiringen . La prochaine fois que vous vous retrouverez à arpenter le glacier de l'Aar (je suis sûr que vous avez juré la dernière fois de ne plus jamais le faire, mais vous le ferez sûrement), pensez à ce qu'il était autrefois, même lorsqu'il n'atteignait que le Grimsel. , et soyez reconnaissant d'avoir grimpé au XIXe siècle.

Enfin, comme nous commencions à penser que le col de Strahlegg était réellement plus proche qu'il ne l'avait été quelques heures plus tôt, nous nous arrêtâmes et tentâmes de nous réveiller. Un vent chaud nous soufflait au visage ; nos membres étaient comme du plomb, notre esprit dans un état d'imbécillité placide. Mais lorsque, après quelques peines, nous avons extrait un peu d'eau froide du glacier, l'effet fut magique, et enhardis par le retour de nos facultés, nous décidâmes aussitôt de prendre le petit déjeuner sous une grande tour de glace tombée du ciel. un glacier accroché à la pente au-dessus.

Nous étions désormais à la hauteur de toutes les situations d'urgence et prêts à faire face à la collection de pierres détachées la plus grande et la plus variée que j'aie jamais vue de ma vie. La selle (que nous avons frappée juste au-delà de la chute mentionnée à la page 5, vol. ii. de la deuxième série de « Peaks, Passes, and Glaciers » – du moins j'imagine que cette brèche est celle qui y est décrite) et le Les belles *arêtes* au-delà constituaient un changement bienvenu par rapport à « l'état de délabrement choquant » du visage. L'ensemble de la crête offre une ascension aussi bonne que tout amateur d'escalade peut le souhaiter. Nulle part excessivement difficile, c'est toujours sensationnel, et les rochers sont gros et fermes. La plupart du temps, le groupe se déroule directement sur la crête et peut jeter un coup d'œil directement sur le glacier de Lauteraar d'une part ou sur le Strahlegg de l'autre. Le Lauteraarhorn est rarement emprunté ; probablement à cause de la difficulté à y parvenir. Les gens semblent aussi penser que s'ils ont gravi le Schreckhorn , ils ont vu tout ce qui était intéressant dans cette direction. Dans cette idée, ils se trompent, à mon avis. J'ai déjà parlé de la vue sur le Schreckhorn et le Finsteraarhorn ainsi que sur celle du lac de Thoune que l'on peut obtenir du Lauteraarhorn , et je pense qu'elle est bien plus belle que tout ce qu'on voit du Wetterhorn, de la Jungfrau ou de tout autre endroit. autre sommet de l' Oberland que je connais.

Après une heure passée au sommet, nous avons commencé à contrecœur la descente et, à 16 heures, nous étions sur le Strahlegg , tandis qu'à 17 h 30, alors que les sommets alentour commençaient à briller des teintes roses du coucher de soleil, nous étions presque au large du Zasenberg . De là, on entre dans les réserves du « tripper » d'Interlaken, je vais donc fermer brusquement.

Dans le prochain chapitre, je raconterai mes dernières expériences à ma période préférée de l'année, et je vous parlerai de deux vieux amis – non, hélas ! avec de nouveaux visages.

NOTES DE BAS DE PAGE :

[6] Je sais que l' *Alpine Journal* (vol. xiii. p. 113) déclare que Herr Munz a été tué par des chutes de neige, et non par de la glace , qui est tombée des rochers. J'en ai parlé aux frères Boss, ainsi qu'à plusieurs guides à ce sujet, et ils ont tous affirmé qu'il s'agissait de glace du petit glacier suspendu. Quelle explication du désastre est correcte, je ne suis bien sûr pas en mesure de le dire. L'un des guides, Meyer, a succombé à ses blessures le lendemain de l'accident.

[7] En septembre 1891, Ulrich Kaufmann fut frappé au genou et renversé par un bloc de glace tombant au même endroit.

CHAPITRE XIII.
LA « *JEUNE FILLE* » ET LE « *MOINE* ».

UNE RÉMINISCENCE.

"Sur le sol, la neige blanche et dans les airs

Silence. Les étoiles, comme des lampes bientôt éteintes,

Brillez en tremblant ; sereine et céleste,

Le croissant suspendu oriental monte plus haut.

Tu vois, le pourpre sur l'azur vole doucement,

Et le Matin, légèrement touché par un feu frémissant,

S'appuie sur les sommets glacés des collines.

—William CALDWELL ROSCOE.

Heure, neuf heures par une soirée sans nuages il y a quelques années ; lieu, l' hôtel Bär à Grindelwald ; saison de l'année, le milieu de septembre, le mois le plus agréable des douze mois dans les hautes Alpes, compte tenu du beau temps. Grindelwald repose dans un repos bien mérité cette belle nuit. Les touristes par milliers n'infestent plus les villages, les salons d'hôtels et les salles à manger. Aucune foule de guides vaniteux et de muletiers ne s'attarde dans la cour ; aucune foule de voyageurs en herbe ne prépare bruyantement les excursions du lendemain.

tranquillité me semble très agréable, car ce soir-là, avant l'ère des chemins de fer dans cette région, je remonte la vallée familière, éclipsée par les immenses murs de l' Eiger , s'élevant au milieu de myriades d'étoiles scintillantes, et alors que je en descendant aux portes du Bär , je me félicite de bien des choses.

« Maintenant, Herr Fritz, cherchez mon guide dans la salle à manger pour moi, s'il vous plaît. Quoi! il n'est pas là? N'y a-t-il pas de télégramme de sa part ? Eh bien, c'est vraiment dommage ! et le temps est magnifique ! Cependant, comme il n'est pas là, je ne vais certainement pas m'asseoir et l'attendre ; alors trouvez-moi deux guides, et demain j'irai me promener dans les montagnes.

Le dîner terminé, entrez le « couple de guides ». Ici se trouve le vieux Peter Baumann, robuste, et là, à la porte, se tient le vieux Peter Kaufmann. « Eh bien, que ferons-nous demain ? Où devrions-nous aller?" « Tout va bien », disent-ils ; "Nous irons où vous voudrez." "Très bien; alors laissez la Jungfrau être notre objectif. Je peux commencer à 1 heure du matin , si vous le souhaitez. Ils sourient avec pitié et remarquent : « Il reste neuf heures jusqu'au refuge Bergli , nous en aurons donc bien assez si nous y allons demain et gravissons la montagne le lendemain. Je ne les crois pas et je consulte Boss ; il dit onze heures. Cela règle la question ; alors je me couche. Je laisse mot aux guides pour commander des provisions et me faire appeler le plus tard possible pour atteindre le Bergli avant la tombée de la nuit. Résultat : ils se trouvent dans un magasin de soupe-repas et d'autres atrocités et me réveillent de mon sommeil à 6 heures du matin. À huit heures, nous sommes en bonne voie pour le Bäregg et avons rattrapé un autre groupe de la Jungfrau : deux messieurs autrichiens, avec le joyeux « anglais » Baumann et le vieux Christian Almer . Ils progressent à un rythme mesuré, mais au restaurant Bäregg nous nous retrouvons et passons une heure oisive, pendant que nos guides respectifs attachent des morceaux de bois blanc émaciés en fagots d'une propreté si extraordinaire qu'ils pourraient être des fagots « de propriété » appartenant à à une compagnie de théâtre amateur. Puis encore, en descendant des échelles branlantes, sur des vagues de glace gonflées et en remontant un chemin étroit, avec le soleil qui battait sur notre dos et sans jamais avoir une goutte d'eau. Finalement, nous coulons tous en fondant sur une butte herbeuse et insistons sur la production de boissons. Les guides, en réponse, se tortillent dans diverses fissures de la terre et en extraient des tasses d'eau glacée, qu'ils distribuent en quantités mesquines, exhortant leurs protégés à en faire un usage économe.

On continue encore et encore, jusqu'à ce que, d'un élan désespéré, nous attaquons les pentes glissantes du glacier et nous déposons en tas haletants sur des rochers face au Bergli .

« Jusqu'où va la cabane, Baumann ? "Oh, environ deux heures!" Et il est maintenant 11h30 ! Pour cela, nous avons été arrachés de nos canapés moelleux et obligés de gravir des pentes brûlantes sous les rayons du soleil d'automne ! C'est pour cela que nous nous sommes éloignés des bancs séduisants, bien que sans dossier, du Bäregg ! Car c'est là qu'on nous refusait notre deuxième petit déjeuner en trois heures et demie, sur certains sentiers pierreux où nous aurions volontiers fait halte !

11h30 ! Très bien; ici nous resterons et nous reposerons jusqu'à 15 heures

Cependant, nous ne le faisons pas. Deux heures d'observation de l' Eiger , du Mönch et du Schreckhorn provoquent un raidissement désagréable des articulations ; peu de temps après avoir découvert cela, nous récupérons nos bagages - éparpillés sur environ un acre de terrain - et traversons le glacier plat en direction des pentes de neige abruptes qui descendent du Mönchjoch . Après une heure ou deux de cheminement au milieu d'immenses gouffres, ponctués de passages en corde raide sur des lames de glace, nous atteignons notre cabane. De là, nous assistons à un spectacle acrobatique sans avoir à payer de frais d'entrée ; en fait, l'aménagement des premiers stands est trop honteusement mauvais pour que quiconque puisse suggérer que nous devrions le payer. Loin en bas, sur la neige, travaillent nos compagnons de voyage . De temps en temps, l'un d'eux, qui au départ s'était déclaré « non montagnard », se jette sur la surface blanche. Les guides et son ami transportent. Il rampe un peu ; puis se redresse soudain comme une figure de gutta-percha avec un poids à l'intérieur. De nouveau, de nouveau en bas, de nouveau en haut, le groupe avance ainsi .

Du souper, moins on en dit, mieux c'est ; et pourtant j'ai entendu parler d'Anglais qui aiment la soupe-repas !

Maintenant au lit. Rêves agréables, doux repos. *Repos!* Oui! Repos audible pour l'Autrichien après ses exploits gymnastiques ; pour son ami, pour moi, même pour les guides, aucun. Eh bien, nous comptons jusqu'à cent, jusqu'à deux cents, jusqu'à deux cents à rebours. Nous allumons des allumettes Lucifer et examinons nos montres. Nous envisageons même de couper les cordons de l'ambulance, afin qu'elle puisse s'abattre sur notre compagnon endormi. Nous sommes assez excités jusqu'à un état d'esprit et presque de corps meurtrier, quand… » Zwölf Euh ! » résonne avec des accents de stentor, et nous sortons de notre foin, et secouant vicieusement la source de tout notre mal-être. "Quoi?" dit-il d'un ton endormi. "Douze heures? Non merci; pas de Jungfrau pour moi ! et là-dessus se retourne et se perd une fois de plus au pays des rêves.

Encore un repas-soupe, suivi d'un café, boutonnage des guêtres, emballage de tout ce qu'on aurait dû laisser derrière soi, déroulement des cordes, jojolage des guides, et c'est parti.

Quelle joie de se balancer sur la neige gelée, d'où luisent d'innombrables cristaux de glace avec des yeux brillants et innocents, sans aucune rancune qu'à chaque pas ils vont crisser, craquer sous nos grosses bottes maladroites. Le glacier coule en flots argentés sur notre droite. Les sommets des montagnes, baignés de brillants rayons de lune, semblent suspendus dans le ciel. La beauté rayonnante de la nuit, l'air calme et vif, le silence des environs, tout concourt à faire passer les dix-sept minutes qu'il nous faut pour atteindre le Mönchjoch comme autant de secondes. De là, ébloui par la beauté saisissante de la vue et regardant ailleurs qu'à mes pieds, je me glisse négligemment dans la *rimaye* . Je suis retiré, et vingt-cinq minutes plus tard, nous traversons l'Ober- Mönchjoch et voyons devant nous les robes brillantes de notre « Jeune Fille ». Un jodel des guides et nous courons à toute allure sur les pentes enneigées, à travers le plateau et jusqu'à la montagne elle-même. Il fait maintenant très froid, avec la fraîcheur de l'aube dans l'air. Nous ne sommes pas allés bien au-dessus de la selle Roththal lorsque le pourpre du ciel devient de plus en plus chaud, jusqu'à ce qu'enfin le sommet au-dessus de nous rougit sous les rayons du soleil levant. Encore une petite demi-heure, et nous nous rapprochons de notre objectif, plaignant notre ami en bas dans le foin du Bergli .

Il est encore tôt et Baumann, en bon vieux sportif, dit : « Maintenant, nous allons remonter le Mönch ». «Non», je réponds, «je n'ai plus d'entraînement et demain je dois traverser le Strahlegg .» Nous allons maintenant rentrer à la maison. Mais Baumann cligne des yeux et, lorsque nous atteignons le plateau, il s'arrête net. "Le Bergli ou le Mönch ?" s'enquiert-il. Le Mönch regarde tout près et je cède faiblement. Nos compagnons de voyage nous quittent ici. Nous atteignons la crête qui monte de l' Ober- Mönchjoch . Tout se passe à merveille. Nous atteignons la crête finale. Hélas! c'est de la glace brillante d'un bout à l'autre. Le vieux Kaufmann est terriblement fini ; de temps en temps il rampe jusqu'à la corniche. Baumann, par derrière, crie pour avertir. Nous semblons ne faire aucun progrès. Une heure passe. Nous ne sommes pas à mi-chemin de l' *arête* . « Maintenant, dis-je, laissez-moi aller directement sur la crête et voir la vue ; alors je rentre à la maison. Les guides protestent, mais je suis obstiné ; la corniche et la grande fatigue de Kaufmann m'ont décidé. Finalement, nous descendons. En nous précipitant sur les neiges plates, en nous arrêtant le moins longtemps possible au Bergli , en glissant et en courant là où nous le pouvons, nous atteignons enfin le glacier de Grindelwald . Il fait désormais nuit noire ; notre lanterne ne se comportera pas correctement ; notre bougie s'éteint continuellement, et nous errons un temps interminable sur les glaces et les moraines. Enfin, selon un processus proche de celui de la « survie du plus fort » (après avoir essayé tous les itinéraires sur le glacier), nous atteignons les échelles du Bäregg et descendons en toute hâte vers la vallée.

Après avoir décrit les plaisirs de l'escalade en automne, il est juste que je ne doive pas ignorer la seule occasion où j'ai éprouvé du mauvais temps à cette saison. C'est le 2 octobre, un an plus tard, qu'avec Ulrich Almer , Christian Jossi et Herr Theophile Boss, je partais du refuge Roththal pour traverser la Jungfrau. Le temps était parfait depuis plusieurs jours, mais la veille au soir, le coucher du soleil donnait des signes de changement, tandis que les éclairs, qui tremblaient le long de l'horizon occidental, étaient une autre indication de l'imminence d'un orage.

Il était donc doublement important de partir tôt, les guides commencèrent par trop dormir, et il était près de 5 h 30 du matin avant de quitter la cabane. De nombreux échelons ont retardé notre progression, et il était 11h35 lorsque nous nous sommes arrêtés, trois ou quatre minutes en dessous du sommet, pour notre deuxième petit-déjeuner depuis le départ. Les nuages montaient maintenant de tous côtés ; mais la partie la plus sérieuse des affaires était terminée, de sorte que le temps ne pouvait pas nous importer beaucoup. Nous ne restâmes qu'un instant au sommet, puis au milieu des cris de « Schnell ! Vorwärts ! de Jossi , nous avons fait demi-tour pour descendre sous une aveuglante tempête de neige. Eh bien, c'était cool ; il ne faisait certainement pas froid, car nous portions nos gants dans nos poches. Nous avons également fait d'excellentes marches, grâce à un groupe qui était monté du Bergli quelques jours auparavant. La promenade jusqu'au Mönchjoch était mortellement ennuyeuse, les seuls objets visibles étant nos nobles moi. Cependant, sous la direction de guides comme les nôtres, nous ne déviâmes jamais un instant de la bonne direction, même si les traces étaient, bien entendu, entièrement effacées à ce moment-là. Une nuit confortable au Bergli était une bonne préparation pour la descente, dans la neige jusqu'à la taille, jusqu'à la vallée.

Durant la soirée, les guides avaient longuement discuté d'un élément de la route du lendemain, qu'ils décrivaient, avec tout le pittoresque de l'inexactitude, comme un mur de glace. Or, un *Eiswand* transmettait à mon imagination une falaise verte, à la surface brillante, glissante au toucher et de formation perpendiculaire. Toutes ces caractéristiques étaient cependant absentes. Le « mur », qui mesurait environ 170 pieds de hauteur, était certainement constitué de glace, mais la glace était recouverte de neige ferme sur une profondeur de plusieurs pouces. Je ne connais pas les angles, mais je dois dire que soixante-quinze degrés se situaient quelque part à proximité de la pente des cinq premières marches, après quoi la pente diminuait régulièrement. Le dernier homme, aidé d'un bout de corde enroulé autour d'un morceau de bois de chauffage enfoncé au sommet, mit sept minutes à descendre, de sorte que les difficultés du chemin n'étaient pas trop grandes. Je suis obligé d'entrer dans ces détails parce que le caractère de cette pente très inoffensive a été cruellement calomnié par le groupe mentionné précédemment, et à notre retour au village, après une descente sur le Zäsenberghorn , monotone par toute sa simplicité, nous furent interrogés par une foule curieuse sur les horreurs du mur de glace. Nos prédécesseurs avaient déjà quitté les lieux, nous ne pouvions donc que combattre l'armée unie de gens crédules qu'ils avaient laissés derrière eux et dans l'imagination desquels le mur de glace du Mönchjoch vit sans doute encore aujourd'hui comme l'une des terreurs de l'époque. alpinisme.

J'ai maintenant raconté la pire de mes expériences de l'automne dans les Alpes. Avec quelle facilité des centaines d'alpinistes pourraient couronner le tout avec leurs récits d'été dans ces régions !

ANNEXE.

Comme je n'avance aucune prétention d'originalité dans ce petit ouvrage, j'échapperai peut-être au blâme des grimpeurs et gagnerai quelques remerciements du grand public, si je mets à la manière de celui-ci un poème dont la plus grande partie a paru dans l' *Alpine Journal* (volume xiv., page 64), et qui, par conséquent, n'aurait probablement pas attiré l'attention du voyageur non alpiniste . Grâce à la courtoisie de l'auteur, j'ai la possibilité de le réimprimer intégralement dans ces pages. Nous qui passons une grande partie de notre temps parmi les « voisins les plus proches du ciel » aimons de plus en plus notre environnement. On dit souvent que les gens gravissent les sommets pour se vanter de leurs exploits. Pour certains, cela est sans aucun doute vrai. Mais je ne peux pas donner une meilleure preuve de la façon dont de telles personnes sont considérées par le véritable alpiniste qu'en citant les lignes que j'ai mentionnées, avec l'esprit desquelles moi et des milliers d'autres sommes entièrement en sympathie. Le poème, intitulé « Mountain Midgets ; ou, trente ans après », est censé avoir été copié d'un livre d'un étranger dans une station de montagne bien connue, et s'intitule : -

À MES CONFÉRENCES INVITÉES.

(Un membre original du Club Alpin prend la parole.)

J'étais avec les hommes qui ont conquis toutes les Alpes et qui ont grimpé plus haut

Observé, du Caucase ou des Andes, le Phosphore s'envoler comme un feu ;

Mais, successeurs de De Saussure ! Vous, probablement avec des âmes,

voisins du Ciel comme l'ours des fosses traite ses poteaux,

Montrez-leur vos « formes » insensées, « battant des records » pendant que vous courez,

Envie d'une foule qui vous moque, notoriété, votre chignon !

Vous qui aimez les « centres alpins » et les auberges pleines de monde,

Où les touristes restent bouche bée tandis que leur Jack fait signe à son clocher ;

Des étoiles qui scintillent avec tes haches, pendant que les filles « se demandent ce que tu es »,

A travers un village, c'est l'image d'un Bazar de Charité ;

Des étoiles, placées sous le cabaret , où « les hommes doivent boire » :

Ainsi le fainéant conduit le paysan sur le chemin où il sombrera,

Jusqu'à ce qu'il soit discrédité, abandonné, un jeu pour les snobs qui « se régalent »

Le vieux guide de vingt étés rabatteurs de custom dans la rue !

Les gars, dont le bavardage n'arrête pas, jusqu'à ce que la *table d'hôte* soit pleine

Avec les *gendarmes* que vous avez collés, et les *cols* que vous avez *crachés* ou *kammés* !

Pas pour vous le sympathique *Wirthshaus* , où le *Pfarrer* joue le rôle d'hôte,

Osteria suspendue à des vignes , où les bols claquent le plus ;

Pas pour toi la splendeur liquide du coucher de soleil, alors qu'il meurt,

Pas pour toi le silence argenté et les espaces des cieux,

Connu des hommes qui autrefois logeaient dans les creux des rochers,

étables de Circé , les cabanes du Club, abritaient tourisme en troupeaux.

Vous êtes là, allongés à côté de vos porteurs, enveloppés dans des vapeurs de tabac ,

Et pensez plus au pudding froid aux prunes qu'aux « gloires du monde » ;

Là, tu réfléchis avec tes camarades du petit côté « à faire »,

Tracer de sombres expéditions qui pourraient, en partie, être nouvelles ;

Bouvier aux perles brillantes borde les verres,

Comment vous « dévalerez » les traces d'avalanches et vous roulerez dans les crevasses ;

Rêvant affectueusement de la gloire que doivent obtenir de tels « exploits azurés »,

Lorsque votre guide raconte l'histoire dans la *Gazette de Grindelmatt* ;

Se réjouissant sinistrement des sentiments que Hobbs et Nobbs s'efforceront d'étouffer,

Quand ils apprennent le Gross Narr Nadel vient de se faire « mettre dans un sac » par un autre :

Hobbs et Nobbs, qui, en volant sournoisement vers notre télescope Grün Alp,

Peut-être trouverez-vous du réconfort en révélant comment vous avez hésité sur la corde.

Nains des montagnes - c'est pourquoi je vous salue, qui êtes le vôtre

Fain entraînerait le plus grand de la nature et laisserait tranquilles les clochers de la terre !

Pourtant, c'est en vain qu'un vieil homme prêche. Ce qui est apporté sera toujours trouvé,

Pourtant, l'athlète brut et implacable fait des Alpes son terrain de course ;

Pourtant les plus grands engendrent les moindres à des degrés infinis,

Et les montagnes ont leurs nains, comme les glaciers ont leurs puces.